新东方日语教研组 编著

日语完全教程
单词手册
第二册

北京大学出版社
PEKING UNIVERSITY PRESS

图书在版编目(CIP)数据

日语完全教程.单词手册.第二册 /日语完全教程编写委员会编著.—北京：北京大学出版社,2013.5
ISBN 978-7-301-22342-0

Ⅰ.①日… Ⅱ.①日… Ⅲ.①日语—词汇—水平考试—教材 Ⅳ.①H363

中国版本图书馆 CIP 数据核字(2013)第 062739 号

书　　　名：**日语完全教程·单词手册　第二册**
著作责任者：日语完全教程编写委员会　编著
责 任 编 辑：兰　婷
标 准 书 号：ISBN 978-7-301-22342-0
出 版 发 行：北京大学出版社　　　　地　址：北京市海淀区成府路 205 号　100871
网　　　址：http://www.pup.cn　新浪官方微博:@北京大学出版社
电 子 邮 箱：编辑部 pupwaiwen@pup.cn　总编室 zpup@pup.cn
电　　　话：邮购部 62752015　发行部 62750672　编辑部 62759634　出版部 62754962
印　刷　者：北京市科星印刷有限责任公司
经　销　者：新华书店
　　　　　　787 毫米×960 毫米　32 开本　5.5 印张　135 千字
　　　　　　2013 年 5 月第 1 版　2025 年 6 月第 12 次印刷
定　　　价：25.00 元

未经许可,不得以任何方式复制或抄袭本书之部分或全部内容。
版权所有,侵权必究
举报电话：010-62752024　电子邮箱：fd@pup.cn

前言

本书为《日语完全教程》系列教材配套的单词手册。现行的日语教材中，往往将单词内容设在课文的后面，但如此一来，学生在查阅单词时需要来回翻页，极为不便，且教材往往比较厚重，不方便随身携带，学习者很难随时随地记忆单词。考虑到这些因素，我们特意将本书设计成较小的版面。

在内容编排方面，本书主要分为两大部分：一为单词解释，二为动词变形速查表。

单词解释部分的单词编排顺序和课文中的单词出现顺序完全对应，方便学习者对照学习生词和理解课文。单词基本上都标注了声调和词性，并且动词、形容词、副词和接续词都补充了例句，例句原则上取自课文，同时兼顾实用易记的要求，进行了适当的微调。另外，本书中的动词都补充了其基本形的常用表记，以利于和下一阶段的学习进行对接。

动词变形的速查表列出了动词Ⅰ、Ⅱ、Ⅲ的各种变形，以便学习者一目了然地查找和记忆单词。并对各种变形进行整理，排除了不符合日语语言习惯的表达形式。

两大部分的有机结合，再加上轻巧便利的设计，相信本书不仅是课本的好搭档，更会成为广大日语学习者随身相伴的良师益友。

2013年4月
编者

本书使用以下略语来标注词性：

本书使用的略语	本书中的含义	对应其他教材	
		《标日》术语	学校语法术语
名	名詞	名词	名词
动 I	動詞 I グループ	一类动词	五段动词
动 II	動詞 II グループ	二类动词	一段动词
动 III	動詞 III グループ	三类动词	カ变动词，サ变动词
い形	い形容詞	一类形容词	形容词
な形	な形容詞	二类形容词	形容动词
连体	連体詞	连体词	连体词
疑	疑問詞	疑问词	疑问词
代	代名詞	代词	代词
感	感嘆詞	叹词	叹词
副	副詞	副词	副词
接	接続詞	连词	接续词

使用说明

说明：
本书在标注声调时，采用数字0123 45进行标注，参考了『NHK日本語発音アクセント辞典』，个别单词对应多种声调时，仅列出第1种。动词的声调均为基本形的声调。前方带"*"标记的单词为超过本级别的纲外单词。

P89 ←── 单词在教材中出现的页数

とびます 【飛びます】 〈动 I〉 飛ぶ 0 飞 鳥が飛ぶ。

发音　写法　词性　动词基本形　声调　中文解释　例句

目录

第1課 …………………………………………………………… 6
第2課 …………………………………………………………… 10
第3課 …………………………………………………………… 16
第4課 …………………………………………………………… 21
第5課 …………………………………………………………… 26
第6課 …………………………………………………………… 30
第7課 …………………………………………………………… 34
第8課 …………………………………………………………… 38
第9課 …………………………………………………………… 41
第10課 ………………………………………………………… 46
第11課 ………………………………………………………… 52
第12課 ………………………………………………………… 58
第13課 ………………………………………………………… 62
第14課 ………………………………………………………… 65
第15課 ………………………………………………………… 69
第16課 ………………………………………………………… 72
第17課 ………………………………………………………… 76
第18課 ………………………………………………………… 79
第19課 ………………………………………………………… 82
第20課 ………………………………………………………… 84
动词变形速查表 ……………………………………………… 87

P 12

そろそろ		〈副〉		1	就要，快要
これから		〈副〉		4	从现在起，今后

そろそろ 〈副〉 1 就要，快要 もう10時なので、そろそろでかけます。

これから 〈副〉 4 从现在起，今后 これから病院へ行く。

P 13

いかがですか 怎么样? コーヒー、いかがですか。

しつれいします 【失礼します】 〈動III〉 失礼する 2 失礼，告辞 もう遅いので、そろそろ失礼します。

たいちょう 【体調】 〈名〉 0 身体状况

ジョギング 〈名〉 0 慢跑

* スポーツセンター 〈名〉 5 运动中心

あれ? 嘎? あれ?おかしいなあ。

うけつけます 【受付けます】 〈動II〉 受付ける 4 受理，接待 申し込みを受付ける。

しんりょう 【診療】 〈名〉 0 诊疗

* しゅうりょうします 【終了します】 〈動III〉 終了する 0 结束 きょうの診療は終了した。

P 14

ちこくします	【遅刻します】	〈动Ⅲ〉 遅刻する	0	迟到	会議に遅刻する。
ふごうかく	【不合格】	〈名〉	2	不及格，不合格	
ねだん	【値段】	〈名〉	0	价格	
* じゅけんせい	【受験生】	〈名〉	2	考生	
しんぱいします	【心配します】	〈动Ⅲ〉 心配する	0	担心	両親が子どもを心配する。
トマトジュース		〈名〉	4	番茄汁	

P 15

なかなか		〈副〉	0	怎么也（不），轻易（不）	薬を飲んでいるのに、なかなかよくならない。

P 16

* タンス		〈名〉	0	衣橱，衣柜	
ごみばこ	【ごみ箱】	〈名〉	3	垃圾箱	

*	カプチーノ		〈名〉		3	卡布奇诺
	こうちょうせんせい	【校長先生】	〈名〉		7	校长
*	カニ		〈名〉		0	螃蟹
	せい	【～製】				～产，～制作

....
P 17
....

	そうね					那个嘛…	カメラはどこのがいい？——そうね、ジャパン電気がいいと思う。
*	すすめます	【勧めます】	〈动Ⅱ〉	勧める	0	推荐	パソコンなら、ヤマト電気のを勧める。
	まちがい		〈名〉		3	错误	
	かえます	【代えます】	〈动Ⅱ〉	代える	0	代替，换	コップを茶碗に代える。

....
P 18
....

*	べんろんたいかい	【弁論大会】	〈名〉		5	演讲比赛，辩论比赛	
*	さんかします	【参加します】	〈动Ⅲ〉	参加する	0	参加	弁論大会に参加する。

第1課

*	じしん	【自信】	〈名〉	0	自信
	かえり	【帰り】	〈名〉	3	归途, 回（去/来）
*	クラシック		〈名〉	3	古典音乐, 古典

10

.... P 19 ....

みえます	【見えます】	〈动II〉	見える	2	看得见, 能看到	船が見える。
おんがくしつ	【音楽室】	〈名〉		4	音乐室	
きこえます	【聞こえます】	〈动II〉	聞こえる	0	听得见, 能听到	隣りから歌が聞こえる。

.... P 20 ....

なげます	【投げます】	〈动II〉	投げる	2	投, 扔, 抛	ボールを投げる。
しゅうりします	【修理します】	〈动III〉	修理する	1	修理	車を修理する。
ロシア		〈名〉		1	俄罗斯	
おどり	【踊り】	〈名〉		0	舞蹈	
* フラダンス		〈名〉		3	草裙舞（夏威夷民族舞蹈）	
* ぬいます	【縫います】	〈动I〉	縫う	1	缝, 刺绣	スカートを縫う。
* ふつうしゃ	【普通車】	〈名〉		2	小型车（10人以下的汽车）	

第2課

P 21

じどうはんばいき	【自動販売機】	〈名〉		6	自動售货机
* パンフレット		〈名〉		1	小册子
はらいます	【払います】	〈动I〉	払う	2	支付　　電話料金を払う。
ていきけん	【定期券】	〈名〉		3	定期乘车票, 月票
* みどりのまどぐち	【みどりの窓口】	〈名〉			JR车站的售票处
メール		〈名〉		0	邮件
かえます	【換えます】	〈动II〉	換える	0	换, 交换　　お金を換える。
ネットカフェ		〈名〉		4	网吧
* くうせき	【空席】	〈名〉		0	空座
じょうきょう	【状況】	〈名〉		0	情况, 状况
ホームページ		〈名〉		4	主页, 首页
ふじんふく	【婦人服】	〈名〉		2	女士服装

第2課

*	しんしふく	【紳士服】	〈名〉	3	男士服装

.... P 22 ....

	しゅう	【週】	〈名〉	1	一星期，一周	
*	きほんてきな	【基本的な】	〈な形〉	0	基本的	基本的なことができる。
	はこびます	【運びます】	〈動I〉 運ぶ	0	搬运	荷物を運ぶ。
	しつもん	【質問】	〈名〉	0	提问，疑问	
	こうつうひ	【交通費】	〈名〉	3	交通费	
	きゅうりょう	【給料】	〈名〉	1	工资，报酬	
*	しはらいます	【支払います】	〈動I〉 支払う	3	支付	交通費を支払う。
	けっか	【結果】	〈名〉	0	结果	
*	シフト		〈名〉	1	轮班，轮班工作时间	
*	いけばな	【生け花】	〈名〉	2	插花	
*	にほんぶよう	【日本舞踊】	〈名〉	4	日本传统舞蹈	

第2課

P 23

*	ツアー		〈名〉	1	団体旅行,短途旅行
*	こうこく	【広告】	〈名〉	0	广告
*	だいしぜん	【大自然】	〈名〉	3	大自然
*	ふれあい		〈名〉	0	接触,交往
*	～はく…か	【～泊…日】			…天～夜
*	ぼくじょう	【牧場】	〈名〉	0	牧场
	ゆうしょく	【夕食】	〈名〉	0	晚饭
*	たべほうだい	【食べ放題】	〈名〉	3	（饭店等）畅吃
	やきにく	【焼き肉】	〈名〉	0	烤肉
*	やけい	【夜景】	〈名〉	0	夜景
	はっけんします	【発見します】	〈动Ⅲ〉 発見する	0	发现 — 新しいことを発見する。
	じんりきしゃ	【人力車】	〈名〉	4	人力车

スキューバダイビング		〈名〉	5	背着水中呼吸器潜水
まわります	【回ります】	〈動I〉 回る	0	周游，巡回　車で沖縄を回る。

P 24

なきごえ	【泣き声】	〈名〉	3	哭声
かんばん	【看板】	〈名〉	0	招牌，幌子
ボード		〈名〉	0	板，白板
* せいざ	【星座】	〈名〉	0	星座
* ぼうえんきょう	【望遠鏡】	〈名〉	0	望远镜
なきごえ	【鳴き声】	〈名〉	3	鸣叫声

P 25

* オリオンざ	【オリオン座】	〈名〉	0	猎户星座
* じまく	【字幕】	〈名〉	0	字幕
* こうざ	【講座】	〈名〉	0	讲座
そうなんですか				是吗

第2課

いろんな		〈連体〉	0	各种各样的	いろんな国のテレビ番組が見られる。
テレビばんぐみ	【テレビ番組】	〈名〉	4	电视节目	
* なみ	【波】	〈名〉	2	波浪	
* わだい	【話題】	〈名〉	0	话题	
* まえうりけん	【前売券】	〈名〉	4	预售票	
こうじょう	【工場】	〈名〉	3	工厂	
* あまのがわ	【天の川】	〈名〉	3	银河	
* ほくとしちせい	【北斗七星】	〈名〉	5	北斗七星	

....
P 26
....

* しぜん	【自然】	〈名〉	0	自然

第2課

		.... P 27			
よてい	【予定】	〈名〉		0	计划，安排
		.... P 28			
おおきな	【大きな】	〈連体〉		1	大的	大きな声で話す。
おうだんほどう	【横断歩道】	〈名〉		5	人行横道
たのしみます	【楽しみます】	〈動Ⅰ〉	楽しむ	3	享受，以～为乐，期待	人生を楽しむ。
やせます		〈動Ⅱ〉	やせる	0	瘦，变瘦	夏までに5キロやせる。
やめます	【辞めます】	〈動Ⅱ〉	やめる	0	辞（职），辞去	仕事を辞める。
ぜったい	【絶対】	〈副〉		0	绝对，一定	絶対（に）反対する。
		.... P 29			
わらいます	【笑います】	〈動Ⅰ〉	笑う	0	笑，嘲笑	あの人はいつも笑っている。
のこします	【残します】	〈動Ⅰ〉	残す	2	剩下，留下，保存	料理を残す。

かざります	【飾ります】	〈动I〉	飾る	0	装饰,修饰	花を部屋に飾る。
おります	【折ります】	〈动I〉	折る	1	折叠,折断,弯折	紙を折る。
つたえます	【伝えます】	〈动II〉	伝える	0	传达,转告,传承	客の要求を会社に伝える。
くらべます	【比べます】	〈动II〉	比べる	0	比,比较,比试	力を比べる。
けんがくします	【見学します】	〈动III〉	見学する	0	参观学习	工場を見学する。
* しょうたいします	【招待します】	〈动III〉	招待する	1	招待,邀请	友達をパーティーに招待する。

.... P 31 ....

たてます	【建てます】	〈动II〉	建てる	2	建造,建设	家を建てる。
うんてんめんきょ	【運転免許】	〈名〉		5	驾驶执照	
はなしあいます	【話し合います】	〈动I〉	話し合う	4	谈话,商量	将来のことを話し合う。
* チャンス		〈名〉		1	机会	
ことわります	【断わります】	〈动I〉	断わる	3	拒绝,禁止	この仕事を断る。

第3課

あやまります	【謝ります】	〈动I〉	謝る	3	道歉，谢罪	先生に謝る。
せわ	【世話】	〈名〉		2	照顾，帮助	
* しんがくします	【進学します】	〈动III〉	進学する	0	升学	大学に進学する。

.... P 32 ....

できれば				2	如果可能的话	できれば、日本へ留学したいです。
ずっと		〈副〉		0	一直	ずっと日本にいるつもりです。
しゅうしょくします	【就職します】	〈动III〉	就職する	0	就职，找到工作	海外で就職する。
むこう	【向こう】	〈名〉		0	对面，对方	
しばらく		〈副〉		2	一会儿，许久	しばらく待ってください。
よやく	【予約】	〈名〉		0	预约，预定	
* けん	【件】	〈名〉		1	事情	
ほど		〈助〉		0	大约，左右	大阪に3年ほどいる予定です。
しゅっぱつ	【出発】	〈名〉		0	出发	

第3課

*	てんきん	【転勤】	〈名〉	0	调动工作，调换工作地点

---- P 33 ----

	とくに	【特に】	〈副〉	1	特别，特别是	特に予定はありません。
*	やまのぼり	【山登り】	〈名〉	3	登山	
	ハイキング		〈名〉	1	郊游，徒步旅行	
*	バーベキュー		〈名〉	3	户外烧烤，BBQ	
*	のんびりします		〈动III〉のんびりする	3	悠然自得，逍遥自在	休みの日は家でのんびりする。
*	しんこんりょこう	【新婚旅行】	〈名〉	5	蜜月旅行，新婚旅行	
	ゆっくりします		〈动III〉ゆっくりする	3	慢慢地，舒适地	日本の温泉でゆっくりしたい。
	けっこんしき	【結婚式】	〈名〉	3	结婚典礼	
	しき	【式】	〈名〉	2	仪式，典礼	
*	ドレス		〈名〉	1	女式礼服	

....
P 34
....

ふゆやすみ	【冬休み】	〈名〉	3	寒假
よいおとしを	【よいお年を】			祝你过个好年!
はるやすみ	【春休み】	〈名〉	3	春假
* じゅけん	【受験】	〈名〉	0	参加考试, 参加高考

第3課

第4課

P 35

にんげん	【人間】	〈名〉	0	人，人类	
なるべく		〈副〉	0	尽量	あしたはなるべく早く来るようにします。

P 36

* さわがしい	【騒がしい】	〈い形〉	4	吵闹，嘈杂	外が騒がしいですね。
* ミーティング		〈名〉	0	会议	
* スーツケース		〈名〉	4	行李箱，旅行箱	

P 37

おおぜい	【大勢】	〈名・副〉	3	很多（人）	人が大勢いますね。
もうすこし	【もう少し】	〈副〉	4	再稍微，再…一点儿	もう少し待ってください。
* ベンツ		〈名〉	1	奔驰（汽车品牌）	

しんしゃ	【新車】	〈名〉		0	新車
さいきん	【最近】	〈名・副〉		0	最近，近来
*ライブ		〈名〉		1	現場演奏会，現場直播的
デート		〈名〉		1	約会

最近今井さんに会いました。

·················· P 38 ··················

きゅうじつ	【休日】	〈名〉		0	假日，休息日
すごします	【過ごします】	〈动I〉	過ごす	2	度过
しゅっぱつじこく	【出発時刻】	〈名〉		5	出发时间
ふくしゅう	【復習】	〈名〉		0	复习
なくします		〈动I〉	なくす	0	丢失
けいさん	【計算】	〈名〉		0	计算
*まとめます		〈动II〉	まとめる	0	汇总，整理
できるだけ					尽量

家で家族と休日を過ごす。

よく鍵をなくす。

レポートをまとめる。

できるだけ今週中にまとめます。

第4課

P 39

かならず	【必ず】	〈副〉	0	一定，必定	休む時は必ず電話で連絡してください。
おきゃくさま	【お客様】	〈名〉	4	客人（敬称）	
* よふかしします	【夜更かしします】	〈动Ⅲ〉夜更かしする	2	熬夜	あした早いですから、夜更かししないようにしてください。
うでどけい	【腕時計】	〈名〉	3	手表	
ねぼうします	【寝坊します】	〈动Ⅲ〉 寝坊する	0	睡懒觉，睡过头	今朝また寝坊した。

P 40

* つる	【鶴】	〈名〉	1	鶴	
かなり		〈副〉	1	相当，非常	かなり読めるようになりました。
* すききらい	【好き嫌い】	〈名〉	2	好恶，挑食	

第4課

*	にじゅうよじかんえいぎょう	【24時間営業】	〈名〉		24小时营业	

....
P 41
....

	さいしょ	【最初】	〈名〉	0	最初	
	～まえ	【～前】			～之前	
	うんどう	【運動】	〈名〉	0	运动	
*	ずいぶん		〈副〉	1	非常	日本の生活にずいぶん慣れました。
*	うめぼし	【梅干】	〈名〉	0	梅干	
	ほとんど		〈副〉	2	大部分，几乎	ほとんど何でも食べられるようになりました。
	ひさしぶり	【久しぶり】	〈名〉	0	好久不见，久违	
*	なんだか		〈副〉	1	总觉得，不由得	なんだか雰囲気が変わったね。
*	ふんいき	【雰囲気】	〈名〉	3	氛围，气氛	
	どりょくします	【努力します】	〈动Ⅲ〉　努力する	1	努力	タバコを吸わないように努力する。
*	こうか	【効果】	〈名〉	1	效果	

第4課

*	バツグンな		〈な形〉		0	超群，出众	効果がバツグンですね。
*	ウォーキング		〈名〉		0	步行（运动）	
*	つるつる		〈副〉		0	光滑，光秃秃	お肌がつるつるです。

·········· P 42 ··········

やっと		〈副〉		0	终于	やっとわかりました。
おこします	【起こします】	〈动I〉	起こす	2	吵醒，叫醒	赤ちゃんを起こす。
* ことわざ		〈名〉		0	谚语，俗语	
へえ				1	啊，欸（惊讶，佩服）	へえ、すごいですね。
ねっしんな	【熱心な】	〈な形〉		1	热心，热诚，用功	熱心に勉強します。

第4課

P 43

*	マーク		〈名〉	1	标志，记号

P 46

	きんえん	【禁煙】	〈名〉	0	禁止吸烟	
*	ユーターン	【Uターン】	〈名〉	3	掉头	
	きんし	【禁止】	〈名〉	0	禁止	
	しんにゅうきんし	【進入禁止】	〈名〉	0	禁止进入	
*	どそくげんきん	【土足厳禁】	〈名〉	0	严禁穿鞋入内	
*	かきげんきん	【火気厳禁】	〈名〉	1	严禁烟火	
*	いんしょくきんし	【飲食禁止】	〈名〉	0	禁止饮食	
	でいりぐち	【出入口】	〈名〉	3	出入口	
*	ひじょうぐち	【非常口】	〈名〉	2	紧急出口，太平门	
*	きんきゅうな	【緊急な】	〈な形〉	0	紧急的	緊急な用事がある。
*	ゆうせんせき	【優先席】	〈名〉	3	爱心专座	

	おとしより	【お年寄り】	〈名〉	4	老年人
*	ふじゆうな	【不自由な】		1	不自由，不方便
*	にゅうじょうむりょう	【入場無料】	〈名〉	0	免费入场
	しようふか	【使用不可】 〈名〉		4	不可使用

.... P 47 ....

*	ずじょうちゅうい	【頭上注意】	〈名〉		4	注意头顶
*	しゃいんせんよう	【社員専用】	〈名〉		1-0	员工专用
	しゃいん	【社員】	〈名〉		1	职员，员工
	いがい	【以外】	〈名〉		1	以外
	こしょう	【故障】	〈名〉		0	故障
*	たんきな	【短気】	〈な形〉		1	性急，没耐性 / 短気な人が苦手です。
	おこります	【怒ります】	〈动Ⅰ〉	怒る	2	发怒，生气 / 彼はよく怒る。
	きみ	【君】	〈代〉		0	你
*	ゆうじゅうふだんな	【優柔不断】	〈な形〉		0	优柔寡断 / 彼は優柔不断な人ではない。

第5課

28

第5課

.... P 48 ....

かたづきます	【片付きます】	〈動Ⅰ〉	片付く	3	收拾整齐，处理好	テーブルの上が片付いている。
＊ じゅんばん	【順番】	〈名〉		0	顺序，轮流	
＊ えいよう	【栄養】	〈名〉		0	营养	
＊ バランス		〈名〉		0	平衡	
＊ きちんと		〈副〉		2	好好地，整齐地	朝ご飯を毎日きちんと食べなさい。
けんこうな	【健康な】	〈な形〉		0	健康的	健康な子どもが生まれる。
＊ みなおします	【見直します】	〈動Ⅰ〉	見直す	0	重新看，重审	テストを見直す。

.... P 49 ....

＊ コーチ		〈名〉	1	教练
＊ こうてい	【校庭】	〈名〉	0	校园
せんしゅ	【選手】	〈名〉	1	选手
このまえ	【この前】	〈名〉	3	之前，上次

てん	【点】	〈名〉		0	分数
しかります		〈动I〉	しかる	0	训斥，责骂　子どもをしかる。

・・・・・・・・・・・・・・・・・・・・・・ P 50 ・・・・・・・・・・・・・・・・・・・・・・

* きゅうじょう	【球場】	〈名〉		0	球場
* さけびます	【叫びます】	〈动I〉	叫ぶ	2	叫喊，呼吁　球場で叫ぶ。
おうえんします	【応援します】	〈动III〉	応援する	0	支持，声援，为…加油助威　選手を応援する。
* ひとりひとり				4	各个人，每个人　ひとりひとり違います。
* かっとばせ	【かっ飛ばせ】				打远点！
* ホームラン		〈名〉		3	本垒打

第5課

			P 52			
*	とうふ	【豆腐】	〈名〉		0	豆腐
	よります	【寄ります】	〈動I〉 寄る		0	順便（来/去） 行く途中で本屋に寄る。
			P 53			
	きゅうな	【急な】	〈な形〉		0	突然，緊急 急におなかが痛くなってきた。
*	さわやかな		〈な形〉		2	清爽，爽快 さわやかな風が吹いてきた。
	くらします	【暮します】	〈動I〉 暮す		0	生活 日本で暮らす。
*	せいか	【成果】	〈名〉		1	成果
*	せんねんします	【専念します】	〈動III〉 専念する		0	专心致志地 仕事に専念する。
*	つきあいます	【付き合います】	〈動I〉 付き合う		3	交往，交际 二人は長い間付き合ってきた。
			P 54			
*	たくはいびん	【宅配便】	〈名〉		0	快递
	おにぎり		〈名〉		2	饭团

第6課

* ダビング		〈名〉	0	（音像制品的）复制	
* ちゅうきゅう	【中級】	〈名〉	0	中级	
つれます	【連れます】	〈動II〉 連れる	0	带领，带着	弟をプールへ連れて行く。
～ご	【～後】			～之后	

P 55

* ハングル		〈名〉	1	朝鲜文字，韩字	
おみまい	【お見舞い】	〈名〉	0	问候，探望，慰问	
こうじょうけんがく	【工場見学】	〈名〉	5	参观工厂	
よしゅう	【予習】	〈名〉	0	预习	
* うちゅうひこうし	【宇宙飛行士】	〈名〉	5	宇航员	
とくべつな	【特別な】	〈な形〉	0	特别	特別な訓練をします。
* くんれん	【訓練】	〈名〉	1	训练	

第6課

ない		〈い形〉		1	没有	時間がないです。

.... P 56 ....

こくみん	【国民】	〈名〉		0	国民	
はんたいします	【反対します】	〈動III〉	反対する	0	反対	上司の意見に反対する。
* せいふ	【政府】	〈名〉		1	政府	
* げんしりょく	【原子力】	〈名〉		3	原子能	
りようします	【利用します】	〈動III〉	利用する	0	使用，利用	エレベーターを利用する。
* じょゆう	【女優】	〈名〉		0	女演員	
ポスト		〈名〉		1	郵筒，信箱	
* せんぎょうしゅふ	【専業主婦】	〈名〉		5	家庭主婦	
* きんぞく	【勤続】	〈名〉		0	連続工作，工齢	

.... P 57 ....

そば		〈名〉		1	荞麦面	

第6課

	しかし		〈接〉		2	可是	ずっと日本にいたいです。しかし、もう帰国しなければなりません。
	おわかれ	【お別れ】	〈名〉		0	分別, 分手	
	かんがえます	【考えます】	〈动II〉	考える	4	思考, 考虑	学生の気持ちを考える。
*	ひろげます	【広げます】	〈动II〉	広げる	0	打开, 扩张, 开阔	留学して、自分の世界を広げる。
	かんしゃします	【感謝します】	〈动III〉	感謝する	1	感谢	先生に感謝する。

・・・・・・・・・・・・・・・・・・・・・・・・・・・
P 58
・・・・・・・・・・・・・・・・・・・・・・・・・・・

*	ウエスト	〈名〉	0	腰, 腰身	
*	きつい	〈い形〉	0	紧, 小	最近太って、ズボンのウエストがきついです。
*	スポーツジム	〈名〉	5	健身房	
	えらい	〈い形〉	2	了不起	あの子、転んでも泣かなくてえらいですね。

第6課

34

.... P 60 ....

めずらしい		〈い形〉		4	少见的，珍稀的	めずらしい料理を食べたいです。
つうがく	【通学】	〈名〉		0	上学	
* しんはつばい	【新発売】	〈名〉		3	新上市	
そうだんします	【相談します】	〈動III〉	相談する	0	商量	悩みを友達に相談する。
* じつりょく	【実力】	〈名〉		0	实力	
* ためます		〈動II〉	ためる	0	积攒，储蓄	お金をためる。

.... P 61 ....

* ゆうき	【勇気】	〈名〉		1	勇气	
* こくはくします	【告白します】	〈動III〉	告白する	0	表白，坦白	彼女に告白する。
* ちょうせんします	【挑戦します】	〈動III〉	挑戦する	0	挑战	新しいことに挑戦する。
なやみます	【悩みます】	〈動I〉	悩む	2	烦恼	病気に悩む。
きもち	【気持ち】	〈名〉		0	心情	
* こうきゅう	【高級】	〈名〉		0	高级	

*	たからくじ	【宝くじ】	〈名〉		3	彩票
	オーストラリア		〈名〉		5	澳大利亚
*	コアラ		〈名〉		1	考拉，树袋熊
	しょうひん	【商品】	〈名〉		1	商品
*	にほんごのうりょくしけん	【日本語能力試験】	〈名〉		9	日语能力考试

.... P 62 ....

*	けいやくします	【契約します】	〈動III〉	契約する	0	签订合同，缔约	会社と契約する。
	ひみつ	【秘密】	〈名〉		0	秘密	
*	せっかく		〈副〉		0	好（不）容易，特地，难得	せっかくもらった資料を間違って捨てました。
	ほします	【干します】	〈動I〉	干す	1	晒干，晾干	洗濯物を干す。
	かおいろ	【顔色】	〈名〉		0	脸色，面色	

.... P 63 ....

*	ちゅうたいします	【中退します】	〈動III〉	中退する	0	辍学，肄业	大学を中退する。

	りこんします	【離婚します】	〈动III〉	離婚する	0	离婚	妻と離婚する。

.... P 64 ....

	しょっき	【食器】	〈名〉		0	餐具	
*	おちゃがし	【お茶菓子】	〈名〉		3	茶点，点心	
	にんずう	【人数】	〈名〉		1	人数	
	よういします	【用意します】	〈动III〉	用意する	1	准备	椅子を用意する。
	ふきます		〈动I〉	ふく	0	擦，擦拭	机をふく。

.... P 65 ....

	りゅうがく	【留学】	〈名〉		0	留学	
*	にちじょう	【日常】	〈名〉		0	日常	
*	こうしんします	【更新します】	〈动III〉	更新する	0	更新	パスポートを更新する。
	しゅうかん	【習慣】	〈名〉		0	习惯	
*	きこう	【気候】	〈名〉		0	气候	
*	けんこうかんり	【健康管理】	〈名〉		5	养生，健康管理	

第7課

*	くろうします	【苦労します】	〈動III〉	苦労する 1	辛苦，操劳	若いとき勉強しないと、将来苦労する。
	くさります	【腐ります】	〈動I〉	腐る 2	腐烂，坏	牛乳が腐る。
*	ちゃんと		〈副〉	0	好好地，完全	ちゃんと準備しなければなりません。
*	れいとうしつ	【冷凍室】	〈名〉	3	冷冻室	
	つごう	【都合】	〈名〉	0	方便，情况	

······················ P 66 ······················

	かんこうち	【観光地】	〈名〉	3	观光胜地
*	じょうほう	【情報】	〈名〉	0	信息
	きおん	【気温】	〈名〉	0	气温

第 7 課

38

....
P 68
....

* つり	【釣り】	〈名〉		0	钓鱼
よろこびます	【喜びます】	〈動 I〉 喜ぶ		3	喜悦，欣然接受	この花をあげたら、彼女はきっと喜ぶ。
まよいます	【迷います】	〈動 I〉 迷う		2	迷（路），犹豫	道に迷う。
もし		〈副〉		1	如果，要是	もし欲しくなかったら、買わなくてもいいです。

....
P 69
....

* りかいします	【理解します】	〈動III〉 理解する	1	理解	内容を理解する。
* ちかどう	【地下道】	〈名〉	2	地道	
まっすぐ		〈副〉	3	笔直，一直	この地下道をまっすぐ行ってください。

....
P 70
....

* たいりょく	【体力】	〈名〉	1	体力
せんそう	【戦争】	〈名〉	0	战争
へいわ	【平和】	〈名〉	0	和平

第8課

第8課

さめます	【覚めます】	〈动II〉	覚める	2	清醒，觉醒	目が覚める。
* すぎます	【過ぎます】	〈动II〉	過ぎる	2	过，经过，过度	時間が過ぎる。

P 71

* ひといちばい	【人一倍】	〈副〉		0	比别人加倍	
かんぜんな	【完全な】	〈な形〉		0	完全，完整	病気が完全に治った。
なみだ	【涙】	〈名〉		1	眼泪	
* しゅじゅつ	【手術】	〈名〉		1	手术	
* けしょうひん	【化粧品】	〈名〉		0	化妆品	
アドバイス		〈名〉		1	建议	

P 72

くわしい	【詳しい】	〈い形〉		3	详细，熟悉	詳しい説明をします。
たります	【足ります】	〈动II〉	足りる	0	足够，够	お皿が足りる。
しゅっせきします	【出席します】	〈动III〉	出席する	0	出席	会議に出席する。

P 73

*	そうさ	【操作】	〈名〉	1	操作
	だいじな	【大事な】	〈な形〉	0	重要的，珍惜，爱护	物は大事に使おう。
*	ひきおとし	【引き落とし】	〈名〉	0	转账，扣除
*	ケーブルテレビ		〈名〉	5	有线电视	ケーブルテレビに加入したい。
*	かにゅうします	【加入します】	〈動Ⅲ〉 加入する	0	加入，参加

P 74

*	とうじつけん	【当日券】	〈名〉	4	当日票
*	けん	【券】	〈名〉	1	票子，券
	うりきれます	【売り切れます】	〈動Ⅱ〉売り切れる	4	售罄，全部售完	券が売り切れる。
*	レディースデー		〈名〉	5	女性优惠日
*	レイトショー		〈名〉	4	夜场电影
*	じょせい	【女性】	〈名〉	0	女性
*	いこう	【以降】	〈名〉	1	以后，之后

第8課

P 75

けんこう	【健康】	〈名〉		0	健康

P 76

いまにも	【今にも】	〈副〉		1	眼看，马上	今にも雨が降りそうです。
ばかり		〈助〉		1	光，只	毎日残業ばかりします。
あがります	【上がります】	〈动I〉	上がる	0	上涨，上升	値段が上がる。
* ざいりょう	【材料】	〈名〉		3	材料	
のこります	【残ります】	〈动I〉	残る	2	留，剩余	材料が残る。
ふえます	【増えます】	〈动II〉	増える	2	増加	独身の人が増える。
こみます	【混みます】	〈动I〉	混む	1	混乱，拥挤	道が混んでいる。
* さいのう	【才能】	〈名〉		0	才能	
* しあわせな	【幸せな】	〈な形〉		0	幸福	幸せな生活を過ごします。

第9課

42

P 77

じょうぶな	【丈夫な】	〈な形〉		0	结实	丈夫なかばんがほしいです。
なんで		〈副〉		1	为什么	毎日なんでそんなに暇なの？
けんか		〈名〉		0	吵架，打架	
* きのう	【機能】	〈名〉		1	功能，机能	
* プレイボーイ		〈名〉		4	花花公子	

P 78

じゅうたい	【渋滞】	〈名〉		0	堵车，停滞不前	
ぜん～	【全～】				全～，全部的～	
* ざいさん	【財産】	〈名〉		1	财产	
じょうし	【上司】	〈名〉		1	上司	
* のがします	【逃します】	〈動Ⅰ〉	逃す	2	放过，错过	このチャンスを逃さないでください。
* しぜんほご	【自然保護】	〈名〉		4	保护自然	
ちょきんします	【貯金します】	〈動Ⅲ〉	貯金する	0	存钱	留学のために貯金する。

第9課

P 79

	ごうかく	【合格】	〈名〉	0	合格，及格
*	ストレス		〈名〉	2	精神圧力，圧力
*	かいしょうします	【解消します】	〈动III〉解消する	0	缓解，消除	ストレスを解消する。
	そんな		〈連体〉	0	那样	どうしてそんなに働きますか。
*	プロポーズ		〈名〉	3	求婚
	うんどうぶそく	【運動不足】	〈名〉	5	运动不足
	たいじゅう	【体重】	〈名〉	0	体重
	～キロ				～公斤
*	ずつう	【頭痛】	〈名〉	0	头疼，头痛
	やっぱり		〈副〉	3	还是，果然	やっぱりそうだった。

第9課

第9課

....
P 80
....

おかず		〈名〉	0	小菜，菜肴，下酒菜
* こしょう	【胡椒】	〈名〉	2	胡椒
りょう	【量】	〈名〉	1	量
* しつれん	【失恋】	〈名〉	0	失恋
* ショック		〈名〉	1	打击，刺激

....
P 81
....

かっこう	【格好】	〈名〉	0	样子，打扮，姿势
ぜんかい	【前回】	〈名〉	1	上次
* じかい	【次回】	〈名〉	1	下次
はなしごえ	【話し声】	〈名〉	4	说话的声音
あまいもの	【甘い物】	〈名〉	0	甜食
コンピューターゲーム		〈名〉	7	电脑游戏

P 82

* ふつかよい	【二日酔い】	〈名〉	0	宿醉
* あかずきんちゃん	【赤ずきんちゃん】	〈名〉	3	小红帽
* おおかみ		〈名〉	1	狼
おまえ		〈代〉	0	你
くち	【口】	〈名〉	0	嘴
キャーッ		〈感〉	1	啊（尖叫）

第9課

			P 83			
かみます		〈动I〉	かむ	1	咬	犬に手をかまれた。
ほめます		〈动II〉	ほめる	2	表扬	学生をほめる。
			P 84			
あいします	【愛します】	〈动III〉	愛する	3	爱，爱恋，喜欢	親が子どもを愛する。
けいさつ	【警察】	〈名〉		0	警察，警署	
たすけます	【助けます】	〈动II〉	助ける	3	帮助，救助	警察がお年寄りを助ける。
おや	【親】	〈名〉		2	父母	
たたきます		〈动I〉	たたく	2	叩，打，敲，拍	ドアをたたく。
こうこうせい	【高校生】	〈名〉		3	高中生	
つかまえます		〈动II〉	つかまえる	0	抓住，逮捕	犯人をつかまえる。
たずねます		〈动II〉	たずねる	3	询问，寻找	道をたずねる。
やきもち		〈名〉		3	嫉妒，吃醋	

第10課*

そだてます	【育てます】	〈动Ⅱ〉	育てる	3	养育，抚养	祖母がわたしを育てる。
よなか	【夜中】	〈名〉		3	半夜	
きんじょ	【近所】	〈名〉		1	邻居，近邻，附近	
しょうじきな	【正直な】	〈な形〉		3	老实，诚实	正直な人。
しんらいします	【信頼します】	〈动Ⅲ〉	信頼する	0	信赖，信任	みんなが彼を信頼する。
* かちょう	【課長】	〈名〉		0	科长	
* るすばん	【留守番】	〈名〉		0	看家	

P 85

なきます	【泣きます】	〈动Ⅰ〉	泣く	0	哭泣	赤ちゃんが泣く。
ひらきます	【開きます】	〈动Ⅰ〉	開く	2	召开，打开，开	パーティーを開く。
つつみます	【包みます】	〈动Ⅰ〉	包む	2	包，裹	プレゼントを包む。
ぬすみます	【盗みます】	〈动Ⅰ〉	盗む	2	偷，偷盗	財布を盗む。
ゆにゅうします	【輸入します】	〈动Ⅲ〉	輸入する	0	进口	商品を輸入する。

*	はつめいします	【発明します】	〈動III〉 発明する	0	发明	紙を発明する。
*	つぎます		〈動I〉 つぐ	0	斟，灌，注入	お酒をつぐ。

.... P 86 ....

	どろぼう	【泥棒】	〈名〉	0	小偷	
	しっぱい	【失敗】	〈名〉	0	出错，失误，失败	
	はつおん	【発音】	〈名〉	0	发音	
	かた	【肩】	〈名〉	1	肩膀	
*	なでます		〈動II〉 なでる	2	抚摸，安抚	頭をなでる。
	せんぱい	【先輩】	〈名〉	0	前辈	

.... P 87 ....

*	おおごえ	【大声】	〈名〉	3	大声	
	はずかしい		〈い形〉	4	害羞，惭愧	笑われてはずかしいです。
	びっくりします		〈動III〉 びっくりする	3	吃惊，吓了一跳	肩をたたかれてびっくりしました。

第10課

	あわてます		〈动II〉	あわてる	0	慌张	秘密を知られてあわてました。
*	すります		〈动I〉	する	1	偷窃,扒窃	財布をすられた。

P 88

---

*	ほえます	【吠えます】	〈动II〉	吠える	2	吠叫	犬が吠える。
*	かいいぬ	【飼い犬】	〈名〉		0	家犬,家养的狗	
	にげます	【逃げます】	〈动II〉	逃げる	2	逃跑	飼い犬が逃げた。
*	はち	【蜂】	〈名〉		0	蜜蜂	
*	さします	【はちが～】	〈动I〉	さす	1	刺,(蚊子)叮咬	蜂にさされる。
*	とつぜん	【突然】	〈副〉		0	突然	突然雨に降られた。
*	はれます	【顔が～】	〈动II〉	はれる	0	肿,肿胀	顔がはれる。
	ころびます	【転びます】	〈动I〉	転ぶ	0	摔倒,滚,翻滚	滑って転んだ。
*	ひっかきます		〈动I〉	ひっかく	3	挠,搔,抓	猫にひっかかれた。

*	まんいん	【満員】	〈名〉	0	客満，満座
	かわいそうな		〈な形〉	4	可怜的
*	ひじょうな	【非常な】	〈な形〉	0	非常，特別，緊急
*	ははおや	【母親】	〈名〉	0	母亲
	ハクション		〈感〉	1	阿嚏，打喷嚏
	いやあ		〈感〉	2	哎呀
	マスク		〈名〉	1	口罩
	かぜぐすり	【風邪薬】	〈名〉	3	感冒药
	まあ		〈感〉	1	哎呀，还行，算了
*	はなします	【手から～】	〈動Ⅰ〉 はなす	2	放开，离开
	うで	【腕】	〈名〉	2	手臂
	みぎて	【右手】	〈名〉	0	右手

かわいそうな — 母に死なれてかわいそうな子どもですね。

ひじょうな — 非常に困った。

いやあ — いやあ、きのうは大変だったなあ。

まあ — まあ、大丈夫です。

はなします — 風邪が治らなくて薬がはなせない。

第10課

うまい		〈い形〉		2	巧妙，高明	右手がうまく使えない。

P 90

もしも		〈副〉		1	万一，假使	もしも壊れたら大変だ。
もちろん		〈副〉		2	当然，不用说	もちろん大丈夫です。
よっぱらい	【酔っ払い】	〈名〉		0	醉鬼	
* いきなり		〈副〉		0	突然，冷不防	酔っ払いにいきなり殴られた。
* なぐります	【殴ります】	〈动I〉	殴る	2	打，殴打	相手を殴る。
* ふります	【恋人を～】	〈动I〉	ふる	0	拒绝，抛弃	恋人にふられる。
* ひゃくとおばん	【110番】	〈名〉		3	报警（电话）|
* なぐりかえします	【殴り返します】	〈动I〉	殴り返す	4	还手，打回去	もし殴られたら、相手を殴り返しますか。
* きらいます	【嫌います】	〈动I〉	嫌う	0	讨厌，嫌弃	彼に嫌われる。

第10課

52

.... P 91 ....

*	さくや	【昨夜】	〈名〉		2	昨晩，昨夜
*	ダイヤモンド		〈名〉		4	钻石
*	そう	【僧】	〈名〉		1	和尚，僧人

.... P 92 ....

*	おこないます	【行います】	〈動Ⅰ〉	行う	0	举行，进行	入学式を行う。
*	こくさいかいぎ	【国際会議】	〈名〉		5	国际会议
*	れきしてきな	【歴史的な】	〈な形〉		0	历史性的	歴史的な遺産。
*	いさん	【遺産】	〈名〉		0	遗产
*	しゃしんしゅう	【写真集】	〈名〉		2	写真集，影集
*	しゅっぱんします	【出版します】	〈動Ⅲ〉	出版する	0	出版	写真集を出版する。
*	せいひん	【製品】	〈名〉		0	产品，制品
*	ゆしゅつします	【輸出します】	〈動Ⅲ〉	輸出する	0	出口	石油を輸出する。
	たくさんの				3	很多的，大量的	たくさんの人。

第11課

* せきゆ	【石油】	〈名〉	0	石油	
* ちゅうとう	【中東】	〈名〉	0	中东	
* こてん	【古典】	〈名〉	0	古典	
* ぶんがく	【文学】	〈名〉	1	文学	
けんきゅうします	【研究します】	〈动III〉 研究する	0	研究	文学を研究する。
うんどうかい	【運動会】	〈名〉	3	运动会	
はんとし	【半年】	〈名〉	4	半年	
* ～ごと				毎～	半年ごとに試験を行う。
* しんせいひん	【新製品】	〈名〉	3	新产品	
* かいはつします	【開発します】	〈动III〉 開発する	0	开发	新製品を開発する。

.... P 93 ....

第11課

チーズ		〈名〉	1	奶酪，芝士	
* だいず	【大豆】	〈名〉	0	大豆，黄豆	
しょうゆ	【醤油】	〈名〉	0	酱油	

*	ダンボール		〈名〉	3	瓦楞纸，硬纸板
	かぐ	【家具】	〈名〉	1	家具
	あめ	【飴】	〈名〉	0	糖
*	ワールドカップ		〈名〉	5	世界杯
*	かいさいします	【開催します】	〈动III〉 開催する	0	召开，举办　オリンピックが開催される。
	オリンピック		〈名〉	4	奥林匹克
*	ギリシャ		〈名〉	1	希腊
	おもいで	【思い出】	〈名〉	0	回忆
*	へいさします	【閉鎖します】	〈动III〉 閉鎖する	0	关闭，封闭　公園が閉鎖される。

.... P 94 ....

第11課

おおくの	【多くの】		1	很多的，多数的　多くの人が英語を話している。
ひとびと	【人々】	〈名〉	2	人们，人人
* ちいき	【地域】	〈名〉	1	地区，地域
じゅうみん	【住民】	〈名〉	0	居民

きょうかい	【教会】	〈名〉		0	教会,教堂
* さっきょくします	【作曲します】	〈动III〉	作曲する	0	作曲
* ノーベルしょう	【ノーベル賞】	〈名〉		4	诺贝尔奖
* さっか	【作家】	〈名〉		0	作家
アジア		〈名〉		1	亚洲
* くにぐに	【国々】	〈名〉		2	各国,国家
こめ	【米】	〈名〉		2	大米
つきます	【付きます】	〈动I〉	付く	1	附上,附着
ほうそうします	【放送します】	〈动III〉	放送する	0	播放,播送
かんとく	【監督】	〈名〉		0	导演,教练
* ひょうかします	【評価します】	〈动III〉	評価する	1	评价,好评

例句:
- ベートーベンが「運命」を作曲した。
- この携帯電話はカメラが付いている。
- テレビでサッカーの試合を放送する。
- 黒澤明監督の映画を評価する。

········· P 95 ·········

コンサートホール		〈名〉	6	音乐厅

第11課

*	こうかいします	【公開します】	〈動III〉	公開する	0	公開, 公映	映画を公開する。
	てんらんかい	【展覧会】	〈名〉		3	展覧会	
	なるほど		〈副〉		0	原来如此	話は聞いたが、なるほど、きれいですね。
*	かいかん	【会館】	〈名〉		0	会館	
*	ほうせきてん	【宝石店】	〈名〉		4	珠宝店	
	てんちょう	【店長】	〈名〉		1	店長	
*	きんこ	【金庫】	〈名〉		1	金库, 保险柜	
	おく	【億】	〈名〉		1	亿	
	つかまります		〈動I〉	つかまる	0	被捕, 抓住	犯人がつかまる。

....
P 96
....

*	せかいいさん	【世界遺産】	〈名〉		4	世界遗产	
	ぶんか	【文化】	〈名〉		1	文化	
	たいせつにします	【大切にします】	〈動III〉	大切にする		爱护, 珍惜, 保重	思い出を大切にする。
*	ユネスコ		〈名〉		2	联合国教科文组织	

第11課

*	ほごします	【保護します】	〈動III〉	保護する	1	保护	自然を保護する。

P 97

*	とうろくします	【登録します】	〈動III〉	登録する	0	登记，注册	世界遺産に登録する。
*	～かしょ	【～か所】				～处，～个地方	

P 98

*	びしょぬれ		〈名〉		0	湿透，落汤鸡	
*	さけかす	【酒粕】	〈名〉		0	酒糟	
*	まぜます	【混ぜます】	〈動II〉	混ぜる	2	搅拌	米と水を混ぜる。
*	はっこうします	【発酵します】	〈動III〉	発酵する	0	发酵	大豆が発酵する。
	さいご	【最後】	〈名〉		1	最后	
*	しぼります	【絞ります】	〈動I〉	絞る	2	榨，拧，绞	タオルを絞る。
	におい	【匂い】	〈名〉		2	气味	
*	あまざけ	【甘酒】	〈名〉		0	甜米酒，醪糟	

第11課

		⋯⋯ P 99 ⋯⋯			
*	ほんもの	【本物】	〈名〉	0	真东西,真货
		⋯⋯ P 100 ⋯⋯			
	てんきよほう	【天気予報】	〈名〉	4	天气预报
*	おおがた	【大型】	〈名〉	0	大型
		⋯⋯ P 101 ⋯⋯			
*	うわさ	【噂】	〈名〉	0	谈论,传说,谣言
	にんき	【人気】	〈名〉	0	受欢迎,人望,声望
*	だいとうりょう	【大統領】	〈名〉	3	总统
*	じんしんじこ	【人身事故】	〈名〉	5	撞人事故
*	しゃないほうそう	【車内放送】	〈名〉	4	车内广播
*	しひりゅうがくせい	【私費留学生】	〈名〉	5	自费留学生
*	こくひりゅうがくせい	【国費留学生】	〈名〉	6	公费留学生

第12課

* ねあがりします	【値上がりします】	〈动III〉 値上がりする	0	涨价, 升值	値段が値上がりする。
* こっかい	【国会】	〈名〉	0	国会	
* かいさんします	【解散します】	〈动III〉 解散する	0	解散	国会が解散する。
* うんせい	【運勢】	〈名〉	1	运势	
* しゅうかんし	【週刊誌】	〈名〉	3	周刊杂志	
* きんうん	【金運】	〈名〉	0	财运	
* おこづかい		〈名〉	2	零花钱	

.... P 102 ....

* はくらんかい	【博覧会】	〈名〉	3	博览会
むら	【村】	〈名〉	2	村, 村庄
* やきもの	【焼き物】	〈名〉	0	陶瓷器
ぎじゅつ	【技術】	〈名〉	1	技术
* えどじだい	【江戸時代】	〈名〉	3	江户时代

第12課

			P 103			
	しちょう	【市長】	〈名〉	1	市长	
	きょく	【曲】	〈名〉	0	曲子，乐曲	
	ひとたち	【人たち】	〈名〉	2	人们	
*	あいようします	【愛用します】	〈動III〉 愛用する	0	愛用，喜欢用	車を愛用する。
	かいちょう	【会長】	〈名〉	0	会长	
	おくります		〈動I〉 おくる	0	贈送	プレゼントをおくる。
*	めいじじだい	【明治時代】	〈名〉	4	明治时代	
			P 104			
	きこくします	【帰国します】	〈動III〉 帰国する	0	归国，回国	王さんが来年帰国する。
	しゃいんりょこう	【社員旅行】	〈名〉	4	员工旅行	
			P 105			
*	しんがくせつめいかい	【進学説明会】	〈名〉	7	升学说明会	

第12課

*	たしか	【確か】	〈副〉		1	確实,大概,记得好像	たしかここに置きましたが。
	けいじばん	【掲示板】	〈名〉		0	布告牌,公告板	
*	ぼしゅう	【募集】	〈名〉		0	招募,募集,招人	
*	とっきゅうでんしゃ	【特急電車】	〈名〉		5	特快列车	
*	おおよろこびします	【大喜びします】	〈动Ⅲ〉	大喜びする	3	兴高采烈	富士山を見ることができて大喜びする。
*	ゆうらんせん	【遊覧船】	〈名〉		0	游览船	
	みずうみ	【湖】	〈名〉		3	湖	
*	ロープウェイ		〈名〉		4	缆车	

P 106

	カップラーメン		〈名〉	4	方便面(碗面)

第12課

			P 108			
つづきます	【続きます】	〈动Ⅰ〉	続く	0	持続，継続	雨が続く。
たいいんします	【退院します】	〈动Ⅲ〉	退院する	0	出院	病気が治ったから、明日退院する。
* はつばいします	【発売します】	〈动Ⅲ〉	発売する	0	发售，上市	新製品が発売される。
* とうけい	【統計】	〈名〉		0	统计	
* こうずい	【洪水】	〈名〉		0	洪水	
			P 109			
* とかいてきな	【都会的な】	〈な形〉		0	城市化的	都会的な風景。
きせつ	【季節】	〈名〉		1	季节	
* おだやかな	【穏やかな】	〈な形〉		2	平穏的，安穏的	この季節は海が穏やかです。
* あんぜんせい	【安全性】	〈名〉		0	安全性	
* ていぼう	【堤防】	〈名〉		0	堤岸，堤坝	
* よほう	【予報】	〈名〉		0	预报	
* ほんにん	【本人】	〈名〉		1	本人	

第13課

* メーカー		〈名〉		1	制造商, 厂家
* ポスター		〈名〉		1	海报
* しみんホール	【市民ホール】	〈名〉		4	市民会馆
* はだ	【肌】	〈名〉		1	皮肤,肌肤
* たいしょくします	【退職します】	〈动Ⅲ〉	退職する	0	離職,退休　来年会社を退職する。
* けんせつします	【建設します】	〈动Ⅲ〉	建設する	0	建設,修建　町を建設する。

.... P 110 ....

ほうほう	【方法】	〈名〉		0	方法
なか	【仲】	〈名〉		1	交情,关系
* マラソン		〈名〉		0	马拉松

.... P 111 ....

とうちゃくします	【到着します】	〈动Ⅲ〉	到着する	0	到达　町に到着する。
* でんきゅう	【電球】	〈名〉		0	电灯泡

	かえます	【替えます】	〈動Ⅱ〉	替える	0	更換	電球を替える。
*	かくにんします	【確認します】	〈動Ⅲ〉	確認する	0	確認	出発時間を確認する。
*	ばんそうこう		〈名〉		0	护创膏，创可贴	
*	しめきり	【締め切り】	〈名〉		0	截止，封闭	
	めんせつしけん	【面接試験】	〈名〉		5	面试	

....
P 112
....

	デジカメ		〈名〉		0	数码相机	

....
P 114
....

	えいぎょう	【営業】	〈名〉		0	营业，营销	
*	あいて	【相手】	〈名〉		3	对方，对手，对象	
	きんむ	【勤務】	〈名〉		1	勤务，工作	

第13課

P 116

* たまに		〈副〉	0	偶尔	たまに学校を休むことがある。
ねむります	【眠ります】	〈动Ⅰ〉 眠る	0	睡着, 睡觉	夜も眠れない。
* ふちゅういな	【不注意な】	〈な形・名〉	2	不小心, 疏忽大意	不注意で大事故を起こす。
かじ	【火事】	〈名〉	1	着火, 火灾	
やまかじ	【山火事】	〈名〉	0	山火, 山林大火	
* かいてん	【開店】	〈名〉	0	（店铺）开门, 开张	

P 117

なやみ	【悩み】	〈名〉	3	烦恼
しけんべんきょう	【試験勉強】	〈名〉	4	备考
しゅうでん	【終電】	〈名〉	0	末班电车

第14課

第14課

....
P 118
....

*	じょうりくします	【上陸します】	〈動III〉	上陸する	0	登陆	台風が上陸する。
*	まつ	【末】	〈名〉			～末	

....
P 119
....

*	しんど	【震度】	〈名〉		1	（地震）震级	
	れんきゅう	【連休】	〈名〉		0	连休，长假	
*	アクセスします		〈動III〉	アクセスする	1	点击，接续	ホームページにアクセスする。
*	つながります		〈動I〉	つながる	0	连接，排列，系	電話がつながる。
	つづき	【続き】	〈名〉		0	继续，后续，连在一起	
*	ダウンロード		〈名〉		4	下载	
*	きょうりょくします	【協力します】	〈動III〉	協力する	0	合作，配合，共同努力	調査に協力する。

* けんさくします	【検索します】	〈動III〉	検索する	0	捜索, 检索	情報を検索する。

****P 120****

にゅういんします	【入院します】	〈動III〉	入院する	0	住院	病気で入院した。
* し	【詩】	〈名〉		0	诗歌	
* だいひょう	【代表】	〈名〉		0	代表	
* スピーチコンテスト		〈名〉		5	演讲比赛	
* ひとりぐらし	【一人暮し】	〈名〉		4	独自生活	
* しゅにん	【主任】	〈名〉		0	主任	
* しょうしんします	【昇進します】	〈動III〉	昇進する	0	升职, 晋升	主任が課長に昇進する。

****P 121****

* まんせき	【満席】	〈名〉		0	満座, 客満

第14課

....
P 122
....

* ゆびさします	【指差します】	〈動Ⅰ〉	指差す	3 用手指	時計を指差す。
* いらいらします		〈動Ⅲ〉	いらいらする	1 着急，焦急	友達が来なくていらいらする。

P 123

*	きょうじゅ	【教授】	〈名〉	0	教授
*	ろんぶん	【論文】	〈名〉	0	论文
	さしあげます		〈动II〉 さしあげる	0	给, 赠给(自谦) 先生にケーキをさしあげる。

P 124

*	きねんひん	【記念品】	〈名〉	0	纪念品
	おくさん	【奥さん】	〈名〉	1	夫人, 太太
	ベッド		〈名〉	1	床
	つかいかた	【使い方】	〈名〉	0	使用方法
*	いけます		〈动II〉 いける	2	插(花) 花をいける。
*	がか	【画家】	〈名〉	0	画家
	かきかた	【書き方】	〈名〉	3	写法

P 125

*	しかい	【司会】	〈名〉	0	主持, 主持人

第15課

*	はっぴょうかい	【発表会】	〈名〉	3	发表会，发布会

.... P 126 ....

	おくさま	【奥様】	〈名〉	1	夫人，太太（敬称）
	マンガ		〈名〉	0	漫画
	こうちょうしつ	【校長室】	〈名〉	3	校长办公室

.... P 127 ....

*	しゃない	【社内】	〈名〉	1	公司内部
	けいご	【敬語】	〈名〉	0	敬语，尊敬语
	つくりかた	【作り方】	〈名〉	5	制作方法，做法

.... P 128 ....

	エサ		〈名〉	2	饲料
	ミルク		〈名〉	1	牛奶
*	ひりょう	【肥料】	〈名〉	1	肥料

第15課

*	うえき	【植木】	〈名〉	0	栽种的树，盆栽的花木

...P 129...

	テレビゲーム		〈名〉	4	（连接电视的）游戏机，电子游戏
*	こぜに	【小銭】	〈名〉	0	零钱
*	サル		〈名〉	1	猴子

...P 130...

*	ティーカップ		〈名〉	3	（红茶）茶杯
*	どうそうかい	【同窓会】	〈名〉	3	同窗会，同学聚会
	しょうがっこう	【小学校】	〈名〉	3	小学
*	にがおえ	【似顔絵】	〈名〉	0	肖像画

72

		············ P 131 ············			
さきほど	【先ほど】	〈名〉		0	剛才，剛剛
ごらんください	【ご覧ください】				請看（敬语） どうぞ、こちらをご覧ください。
		············ P 132 ············			
がくちょう	【学長】	〈名〉		0	大学校长
あいさつします		〈動Ⅲ〉	あいさつする	1	寒暄，致辞， 打招呼 学長がみんなにあいさつする。
* ながねん	【長年】	〈名〉		0	長年累月， 多年
		············ P 133 ············			
えんりょします	【遠慮します】	〈動Ⅲ〉	遠慮する	0	客气，谢绝 遠慮しないでください。
あくしゅします	【握手します】	〈動Ⅲ〉	握手する	1	握手 初めて会う人と握手する。
こうじ	【工事】	〈名〉		1	施工，工程

第16課

P 134

いけん	【意見】	〈名〉		1	意见，建议
けいけん	【経験】	〈名〉		0	经验，经历
* きちょうな	【貴重な】	〈な形〉		0	宝贵的，贵重的	貴重な経験を、ありがとうございます。
かいいん	【会員】	〈名〉		0	会员
ごぜんちゅう	【午前中】	〈名〉		0	上午

P 135

* たいし	【大使】	〈名〉		1	大使
ちゅうもんします	【注文します】	〈动III〉	注文する	0	订货，订购，点菜	飲み物を注文する。
* じょうしゃします	【乗車します】	〈动III〉	乗車する	0	乘车	新幹線に乗車する。
しようします	【使用します】	〈动III〉	使用する	0	使用	会議室を使用する。
りょかん	【旅館】	〈名〉		0	旅馆

第16課

| しんさく | 【新作】 | 〈名〉 | | 0 | 新作 | |
| はっぴょうします | 【発表します】 | 〈动III〉 | 発表する | 0 | 发表，发布 | 論文を発表する。 |

....
P 136
....

めしあがります	【召し上がります】	〈动I〉	召し上がる	0	吃，喝（尊敬）	どうぞ召し上がってください。
いらっしゃいます		〈动I〉	いらっしゃる	4	来，去，在（尊敬）	先生が学校にいらっしゃいます。
おっしゃいます		〈动I〉	おっしゃる	3	说，讲（尊敬）	社長はそうおっしゃいました。
なさいます		〈动I〉	なさる	2	做，干（尊敬）	ご注文は何になさいますか。
ごぞんじです	【ご存知です】			2	知道（尊敬）	先生はこのことをご存知ですか。
ごらんになります	【ご覧になります】	〈动I〉	ご覧になる	5	看，读（尊敬）	部長はもうそのレポートをご覧になりました。
おじょうさん	【お嬢さん】	〈名〉		2	小姐，令爱（敬称）	
ラッシュ		〈名〉		1	高峰，拥挤	

第16課

P 137

*	にっていひょう	【日程表】	〈名〉	0	日程表
	いっぱいな	【おなかが～】	〈な形〉	0	満，全　　おなかがいっぱいになる。
*	だるい		〈名・副〉	2	发倦，无力　体がだるいです。

第16課

		P 139			
もうします	【申します】	〈動I〉	申す	1	说，叫做（自谦） わたしは王と申します。
		P 140			
いのります	【祈ります】	〈動I〉	祈る	2	祈祷 健康を祈る。
あずけます	【預けます】	〈動II〉	預ける	3	存放，寄存 荷物を友だちに預ける。
あずかります	【預かります】	〈動I〉	預かる	3	收存，代为保管 友だちの荷物を預かる。
		P 141			
* きちょうひん	【貴重品】	〈名〉		0	贵重物品
* フロント		〈名〉		0	前台
* とどけさき	【届け先】	〈名〉		0	投送地点，收件人
じゅうしょ	【住所】	〈名〉		1	地址
けっこうな	【結構な】	〈な形〉		1	很好的，足够的，不用 それは結構なことだ。

* がんしょ	【願書】	〈名〉		1	志愿书
ゆうびん	【郵便】	〈名〉		0	邮政，邮件

・・・・・・・・・・ P 142 ・・・・・・・・・・

* ほうこく	【報告】	〈名〉		0	报告，汇报

・・・・・・・・・・ P 143 ・・・・・・・・・・

すべて		〈副〉		1	一切，全部，总共	使うものはすべて用意した。
* にゅうじょう	【入場】	〈名〉		0	入场	
はいたつします	【配達します】	〈动III〉	配達する	0	投递，递送	荷物を配達する。

・・・・・・・・・・ P 144 ・・・・・・・・・・

まいります	【参ります】	〈动I〉	参る	1	来，去（自谦）	中国から参りました。
うかがいます	【伺います】	〈动I〉	伺う	0	拜访，请教，听说（自谦）	先生のところへ伺います。
ぞんじます	【存じます】	〈动II〉	存じる	3	知道，想（自谦）	そのことはわたしが存じております。

第17課

はいけんします	【拝見します】	〈動III〉	拝見する	0	看,读（自谦）	その写真はこの前拝見しました。
いたします		〈動I〉	いたす	2	做,干（自谦）	よろしくお願いいたします。
ほうもんします	【訪問します】	〈動III〉	訪問する	0	访问	京都を訪問します。
おめにかかります	【お目にかかります】	〈動I〉	お目にかかる	5	见面（自谦）	きのう，先生にお目にかかりました。
よろしい		〈い形〉		3	好,恰好,不用	

.... P 145 ....

| おたく | 【お宅】 | 〈名〉 | | 0 | 府上,您家 | |

.... P 146 ....

| めうえ | 【目上】 | 〈名〉 | | 0 | 上司,长辈 | |

		P 147			
*	トンネル		〈名〉	0	隧道
*	アジサイ		〈名〉	0	紫阳花,绣球花
		P 148			
	スクール		〈名〉	2	学校
*	たちます	【経ちます】	〈动I〉 経つ	1	(时间)过去,过 はじめて3ヶ月経った。
		P 149			
*	マンガきっさ	【マンガ喫茶】	〈名〉	4	漫画吧,漫画咖啡馆
		P 150			
*	ブザー		〈名〉	1	蜂鸣器,警报器
	さがります	【下がります】	〈动I〉 下がる	2	下降,降低 気温が下がる。

第18課

						80
*	つぎつぎと	【次々と】	〈副〉		2	陆续，一个接一个	花が次々と咲く。

....
P 151
....

	みぎがわ	【右側】	〈名〉		0	右側	
	むかえます	【迎えます】	〈動Ⅱ〉 迎える	0	迎接，欢迎	空港にお客さんを迎えに行く。
	かいじょう	【会場】	〈名〉	0	会场	
*	あんしょうばんごう	【暗証番号】	〈名〉	5	密码	
	ベル		〈名〉	1	铃，电铃，钟	
*	とけます		〈動Ⅱ〉 とける	2	溶化，熔化	雪がとける。

....
P 152
....

	ロールスロイス		〈名〉		5	劳斯莱斯（汽车品牌）
	はし	【橋】	〈名〉	2	桥
*	まつ	【松】	〈名〉	1	松树
*	バラ		〈名〉	0	玫瑰，蔷薇

第18課

* だいめい	【題名】	〈名〉	0	名字，标题
な	【名】	〈名〉	0	名字，姓名
* ほっきょくせい	【北極星】	〈名〉	4	北极星
* げいじゅつか	【芸術家】	〈名〉	0	艺术家
せん	【線】	〈名〉	1	（交通工具）线路，路线
* こてん	【個展】	〈名〉	0	个人展览
* かねのなるき	【金のなる木】	〈名〉	4	筒叶花月（植物名）
バスてい	【バス停】	〈名〉	0	公共汽车站
* しらせ	【知らせ】	〈名〉	0	通知
きそく	【規則】	〈名〉	1	规则
* せいふく	【制服】	〈名〉	0	制服

.... P 153 ....

* さくひん	【作品】	〈名〉	0	作品

····· P 156 ·····

| じこしょうかい | 【自己紹介】 | 〈名〉 | | 3 | 自我介绍 | |
| * ひしょ | 【秘書】 | 〈名〉 | | 1 | 秘书 | |

····· P 157 ·····

| * ちちおや | 【父親】 | 〈名〉 | | 0 | 父亲 | |
| * かんじゃ | 【患者】 | 〈名〉 | | 0 | 患者，病人 | |

····· P 158 ·····

* かんきゃく	【観客】	〈名〉		0	观众	
かんどうします	【感動します】	〈動III〉	感動する	0	感动	映画を見て感動する。
* ぶか	【部下】	〈名〉		1	部下，下属	
* がっかりします		〈動III〉	がっかりする	3	失望，灰心	失敗してがっかりする。

····· P 159 ·····

| * やんちゃな | | 〈な形〉 | | 0 | 顽皮，淘气 | やんちゃな子 |

あんしんします	【安心します】	〈動III〉	安心する	0	放心，安心	親に電話して安心させる。

P 160

ごちそうになります	〈動I〉	ごちそうになる		被请（吃饭）	いつもごちそうになっているから、今日はわたしが払う。

P 161

あきます	【空きます】	〈動I〉	空く	0	空，空闲	教室が空く。
* できごと	【出来事】	〈名〉		2	事情，事件	
こぼします		〈動I〉	こぼす	2	洒出，漏，掉落	お茶をこぼす。
* つまります		〈動I〉	つまる	2	堵塞，塞满	ご飯が喉につまる。

P 162

* ディズニーランド		〈名〉		5	迪斯尼乐园	
いやな	【嫌な】	〈な形〉		2	讨厌的，厌烦的	嫌な食べ物。

第19課

84

··
P 164
··

うんどうじょう	【運動場】	〈名〉	0	运动场，体育场
にがい	【苦い】	〈い形〉	2	苦，痛苦　　苦い薬を飲む。
＊ しょうがくせい	【小学生】	〈名〉	3	小学生

··
P 165
··

＊ ちほう	【地方】	〈名〉	2	地方，外地
＊ ついし	【追試】	〈名〉	0	补考
＊ おめん	【お面】	〈名〉	0	面具，假面
ふーん		〈感〉	0	哼
＊ ワンピース		〈名〉	3	连衣裙

··
P 166
··

こくばん	【黒板】	〈名〉	0	黑板
～ばい	【～倍】			～倍
＊ とりあげます	【取りあげます】	〈动II〉　取りあげる	0	没收

第20課

*	はんせいぶん	【反省文】	〈名〉	3	检讨书
*	さらに		副	1	更加，进一步

先生に反省文を書かせられて、さらに校庭を10周走らせられた。

P 167
---

*	もんく	【文句】	〈名〉	1	抱怨，牢骚
	あさねぼうします	【朝ねぼうします】	〈动III〉 朝ねぼうする	3	早晨睡懒觉
	ごちそうします		〈动III〉 ごちそうする	0	请客

日曜日だから、朝ねぼうする。

あの課長はいつも部下にごちそうする。

P 169
---

*	たちいりきんし	【立入禁止】	〈名〉	0	禁止入内
*	さつえい	【撮影】	〈名〉	0	摄影，摄像，拍照
	ひるま	【昼間】	〈名〉	3	白天

第20課

			P 170		
ふみます	【踏みます】	〈動Ⅰ〉 踏む	0	踩，踏	足を踏まれた。
ふかい	【深い】	〈い形〉	2	深，浓	将来のことを深く考える。
			P 171		
ゴールデンウィーク		〈名〉	7	5月黄金周	
りょこうがいしゃ	【旅行会社】	〈名〉	4	旅行社	

第20課

动词变形速查表

发音	あう	あう	あがる	あく	あく
基本形	会う	あう	上がる	開く	空く
ます形	会います	あいます	上がります	開きます	空きます
て形	会って	あって	上がって	開いて	空いて
ない形	会わない	あわない	上がらない	開かない	空かない
た形	会った	あった	上がった	開いた	空いた
可能形	会える	あえる	上がれる	-	-
意志形	会おう	あおう	上がろう	-	-
命令形	会え	あえ	上がれ	-	-
ば形	会えば	あえば	上がれば	開けば	空けば
被动	会われる	あわれる	上がられる	-	-
使役	会わせる	あわせる	上がらせる	-	-
使役被动	会わせられる	あわせられる	上がらせられる	-	-
词性	动Ⅰ	动Ⅰ	动Ⅰ	动Ⅰ	动Ⅰ
册	1	1	2	1	2

発音	あずかる	あそぶ	あたる	あつまる	あまる
基本形	預かる	遊ぶ	あたる	集まる	余る
ます形	預かります	遊びます	あたります	集まります	余ります
て形	預かって	遊んで	あたって	集まって	余って
ない形	預からない	遊ばない	あたらない	集まらない	余らない
た形	預かった	遊んだ	あたった	集まった	余った
可能形	預かれる	遊べる	あたれる	集まれる	-
意志形	預かろう	遊ぼう	あたろう	集まろう	余ろう
命令形	預かれ	遊べ	あたれ	集まれ	余れ
ば形	預かれば	遊べば	あたれば	集まれば	余れば
被动	預かられる	遊ばれる	あたられる	集まられる	-
使役	預からせる	遊ばせる	あたらせる	集まらせる	余らせる
使役被动	預からせられる	遊ばせられる	あたらせられる	集まらせられる	-
词性	动Ⅰ	动Ⅰ	动Ⅰ	动Ⅰ	动Ⅰ
册	2	1	1	1	1

发音	あむ	あやまる	あらう	ある	あるく
基本形	編む	謝る	洗う	ある	歩く
ます形	編みます	謝ります	洗います	あります	歩きます
て形	編んで	謝って	洗って	あって	歩いて
ない形	編まない	謝らない	洗わない	ない	歩かない
た形	編んだ	謝った	洗った	あった	歩いた
可能形	編める	謝れる	洗える	—	歩ける
意志形	編もう	謝ろう	洗おう	—	歩こう
命令形	編め	謝れ	洗え	あれ	歩け
ば形	編めば	謝れば	洗えば	あれば	歩けば
被动	編まれる	謝られる	洗われる	—	歩かれる
使役	編ませる	謝らせる	洗わせる	—	歩かせる
使役被动	編ませられる	謝らせられる	洗わせられる	—	歩かせられる
词性	动Ⅰ	动Ⅰ	动Ⅰ	动Ⅰ	动Ⅰ
册	1	2	1	1	1

发音	いう	いく	いそぐ	いたす	いのる
基本形	言う	行く	急ぐ	いたす	祈る
ます形	言います	行きます	急ぎます	いたします	祈ります
て形	言って	行って	急いで	いたして	祈って
ない形	言わない	行かない	急がない	いたさない	祈らない
た形	言った	行った	急いだ	いたした	祈った
可能形	言える	行ける	急げる	いたせる	祈れる
意志形	言おう	行こう	急ごう	いたそう	祈ろう
命令形	言え	行け	急げ	いたせ	祈れ
ば形	言えば	行けば	急げば	いたせば	祈れば
被动	言われる	行かれる	急がれる	-	祈られる
使役	言わせる	行かせる	急がせる	-	祈らせる
使役被动	言わせられる	行かせられる	急がせられる	-	祈らせられる
词性	动Ⅰ	动Ⅰ	动Ⅰ	动Ⅰ	动Ⅰ
册	1	1	1	2	2

发音	いらっしゃる	うかがう	うごかす	うごく	うたう
基本形	いらっしゃる	伺う	動かす	動く	歌う
ます形	いらっしゃいます	伺います	動かします	動きます	歌います
て形	いらっしゃって	伺って	動かして	動いて	歌って
ない形	いらっしゃらない	伺わない	動かさない	動かない	歌わない
た形	いらっしゃった	伺った	動かした	動いた	歌った
可能形	いらっしゃれる	伺える	動かせる	動ける	歌える
意志形	いらっしゃろう	伺おう	動かそう	動こう	歌おう
命令形	いらっしゃい	伺え	動かせ	動け	歌え
ば形	いらっしゃれば	伺えば	動かせば	動けば	歌えば
被动	-	-	動かされる	動かれる	歌われる
使役	-	伺わせる	動かさせる	動かせる	歌わせる
使役被动	-	-	動かさせられる	動かせられる	歌わせられる
词性	动Ⅰ	动Ⅰ	动Ⅰ	动Ⅰ	动Ⅰ
册	2	2	1	1	1

发音	うつ	うる	えらぶ	おく	おくる
基本形	打つ	売る	選ぶ	置く	送る
ます形	打ちます	売ります	選びます	置きます	送ります
て形	打って	売って	選んで	置いて	送って
ない形	打たない	売らない	選ばない	置かない	送らない
た形	打った	売った	選んだ	置いた	送った
可能形	打てる	売れる	選べる	置ける	送れる
意志形	打とう	売ろう	選ぼう	置こう	送ろう
命令形	打て	売れ	選べ	置け	送れ
ば形	打てば	売れば	選べば	置けば	送れば
被动	打たれる	売られる	選ばれる	置かれる	送られる
使役	打たせる	売らせる	選ばせる	置かせる	送らせる
使役被动	打たせられる	売らせられる	選ばせられる	置かせられる	送らせられる
词性	动Ⅰ	动Ⅰ	动Ⅰ	动Ⅰ	动Ⅰ
册	1	1	1	1	1

发音	おくる	おこす	おこなう	おこる	おす
基本形	おくる	起こす	行う	怒る	押す
ます形	おくります	起こします	行います	怒ります	押します
て形	おくって	起こして	行って	怒って	押して
ない形	おくらない	起こさない	行わない	怒らない	押さない
た形	おくった	起こした	行った	怒った	押した
可能形	おくれる	起こせる	行える	怒れる	押せる
意志形	おくろう	起こそう	行おう	怒ろう	押そう
命令形	おくれ	起こせ	行え	怒れ	押せ
ば形	おくれば	起こせば	行えば	怒れば	押せば
被动	おくられる	起こされる	行われる	怒られる	押される
使役	おくらせる	起こさせる	行わせる	怒らせる	押させる
使役被动	おくらせられる	起こさせられる	行わせられる	怒らせられる	押させられる
词性	动Ⅰ	动Ⅰ	动Ⅰ	动Ⅰ	动Ⅰ
册	2	2	2	2	1

发音	おっしゃる	おとす	おどる	おめにかかる	おもいだす
基本形	おっしゃる	落とす	踊る	お目にかかる	思い出す
ます形	おっしゃいます	落とします	踊ります	お目にかかります	思い出します
て形	おっしゃって	落として	踊って	お目にかかって	思い出して
ない形	おっしゃらない	落とさない	踊らない	お目にかからない	思い出さない
た形	おっしゃった	落とした	踊った	お目にかかった	思い出した
可能形	おっしゃれる	落とせる	踊れる	お目にかかれる	思い出せる
意志形	おっしゃろう	落とそう	踊ろう	お目にかかろう	思い出そう
命令形	おっしゃい	落とせ	踊れ	-	思い出せ
ば形	おっしゃれば	落とせば	踊れば	お目にかかれば	思い出せば
被动	おっしゃられる	落とされる	踊られる	-	思い出される
使役	-	落とさせる	踊らせる	お目にかからせる	思い出させる
使役被动	-	落とさせられる	踊らせられる	-	思い出させられる
词性	动Ⅰ	动Ⅰ	动Ⅰ	动Ⅰ	动Ⅰ
册	2	1	1	2	1

发音	おもう	およぐ	おる	おろす	おわる
基本形	思う	泳ぐ	折る	おろす	終わる
ます形	思います	泳ぎます	折ります	おろします	終ります
て形	思って	泳いで	折って	おろして	終って
ない形	思わない	泳がない	折らない	おろさない	終らない
た形	思った	泳いだ	折った	おろした	終った
可能形	思える	泳げる	折れる	おろせる	終われる
意志形	思おう	泳ごう	折ろう	おろそう	終わろう
命令形	思え	泳げ	折れ	おろせ	終われ
ば形	思えば	泳げば	折れば	おろせば	終われば
被动	思われる	泳がれる	折られる	おろされる	終られる
使役	思わせる	泳がせる	折らせる	おろさせる	終らせる
使役被动	思わせられる	泳がせられる	折らせられる	おろさせられる	終らせられる
词性	动Ⅰ	动Ⅰ	动Ⅰ	动Ⅰ	动Ⅰ
册	1	1	2	1	1

发音	かう	かう	かえす	かえる	かかる
基本形	買う	飼う	返す	帰る	かかる
ます形	買います	飼います	返します	帰ります	かかります
て形	買って	飼って	返して	帰って	かかって
ない形	買わない	飼わない	返さない	帰らない	かからない
た形	買った	飼った	返した	帰った	かかった
可能形	買える	飼える	返せる	帰れる	かかれる
意志形	買おう	飼おう	返そう	帰ろう	かかろう
命令形	買え	飼え	返せ	帰れ	かかれ
ば形	買えば	飼えば	返せば	帰れば	かかれば
被动	買われる	飼われる	返される	帰られる	かかられる
使役	買わせる	飼わせる	返させる	帰らせる	かからせる
使役被动	買わせられる	飼わせられる	返させられる	帰らせられる	かからせられる
词性	动Ⅰ	动Ⅰ	动Ⅰ	动Ⅰ	动Ⅰ
册	1	1	1	1	1

发音	かく	かく	かざる	かす	かたづく
基本形	書く	かく	飾る	貸す	片付く
ます形	書きます	かきます	飾ります	貸します	片付きます
て形	書いて	かいて	飾って	貸して	片付いて
ない形	書かない	かかない	飾らない	貸さない	片付かない
た形	書いた	かいた	飾った	貸した	片付いた
可能形	書ける	かける	飾れる	貸せる	-
意志形	書こう	かこう	飾ろう	貸そう	-
命令形	書け	かけ	飾れ	貸せ	-
ば形	書けば	かけば	飾れば	貸せば	片付けば
被动	書かれる	かかれる	飾られる	貸される	-
使役	書かせる	かかせる	飾らせる	貸させる	-
使役被动	書かせられる	かかせられる	飾らせられる	貸させられる	-
词性	动Ⅰ	动Ⅰ	动Ⅰ	动Ⅰ	动Ⅰ
册	1	1	2	1	2

发音	かつ	かぶる	かよう	かわかす	かわく
基本形	勝つ	かぶる	通う	乾かす	渇く
ます形	勝ちます	かぶります	通います	乾かします	渇きます
て形	勝って	かぶって	通って	乾かして	渇いて
ない形	勝たない	かぶらない	通わない	乾かさない	渇かない
た形	勝った	かぶった	通った	乾かした	渇いた
可能形	勝てる	かぶれる	通える	乾かせる	-
意志形	勝とう	かぶろう	通おう	乾かそう	-
命令形	勝て	かぶれ	通え	乾かせ	渇け
ば形	勝てば	かぶれば	通えば	乾かせば	渇けば
被动	勝たれる	かぶられる	通われる	乾かされる	渇かれる
使役	勝たせる	かぶらせる	通わせる	乾かさせる	渇かせる
使役被动	勝たせられる	かぶらせられる	通わせられる	乾かさせられる	渇かせられる
词性	动Ⅰ	动Ⅰ	动Ⅰ	动Ⅰ	动Ⅰ
册	1	1	1	1	1

发音	かわく	かわる	かわる	がんばる	きく
基本形	乾く	かわる	変わる	頑張る	聞く
ます形	乾きます	かわります	変わります	頑張ります	聞きます
て形	乾いて	かわって	変わって	頑張って	聞いて
ない形	乾かない	かわらない	変わらない	頑張らない	聞かない
た形	乾いた	かわった	変わった	頑張った	聞いた
可能形	乾ける	かわれる	変われる	頑張れる	聞ける
意志形	–	かわろう	変わろう	頑張ろう	聞こう
命令形	乾け	かわれ	変われ	頑張れ	聞け
ば形	乾けば	かわれば	変われば	頑張れば	聞けば
被动	–	かわられる	変わられる	頑張られる	聞かれる
使役	乾かせる	かわらせる	変わらせる	頑張らせる	聞かせる
使役被动	–	かわらせられる	変わらせられる	頑張らせられる	聞かせられる
词性	动Ⅰ	动Ⅰ	动Ⅰ	动Ⅰ	动Ⅰ
册	1	1	1	1	1

发音	きまる	きらう	きる	くさる	くもる
基本形	決まる	嫌う	切る	腐る	曇る
ます形	決まります	嫌います	切ります	腐ります	曇ります
て形	決まって	嫌って	切って	腐って	雲って
ない形	決まらない	嫌わない	切らない	腐らない	曇らない
た形	決まった	嫌った	切った	腐った	曇った
可能形	–	嫌える	切れる	–	–
意志形	–	嫌おう	切ろう	–	–
命令形	決まれ	嫌え	切れ	–	曇れ
ば形	決まれば	嫌えば	切れば	腐れば	曇れば
被动	–	嫌われる	切られる	–	–
使役	–	嫌わせる	切らせる	腐らせる	曇らせる
使役被动	–	嫌わせられる	切らせられる	–	–
词性	动Ⅰ	动Ⅰ	动Ⅰ	动Ⅰ	动Ⅰ
册	1	2	1	2	1

发音	くらす	けす	ごちそうになる	ことわる	こぼす
基本形	暮す	消す	ごちそうになる	断わる	こぼす
ます形	暮します	消します	ごちそうになります	断わります	こぼします
て形	暮して	消して	ごちそうになって	断わって	こぼして
ない形	暮さない	消さない	ごちそうにならない	断わらない	こぼさない
た形	暮した	消した	ごちそうになった	断わった	こぼした
可能形	暮せる	消せる	ごちそうになれる	断われる	こぼせる
意志形	暮そう	消そう	ごちそうになろう	断わろう	こぼそう
命令形	暮せ	消せ	ごちそうになれ	断われ	こぼせ
ば形	暮せば	消せば	ごちそうになれば	断われば	こぼせば
被动	暮される	消される	ごちそうになられる	断わられる	こぼされる
使役	暮させる	消させる	-	断わらせる	こぼさせる
使役被动	暮させられる	消させられる	-	断わらせられる	こぼさせられる
词性	动Ⅰ	动Ⅰ	动Ⅰ	动Ⅰ	动Ⅰ
册	2	1	2	2	1

发音	こぼす	こまる	こむ	ごらんになる	ころぶ
基本形	こぼす	困る	混む	ご覧になる	転ぶ
ます形	こぼします	困ります	混みます	ご覧になります	転びます
て形	こぼして	困って	混んで	ご覧になって	転んで
ない形	こぼさない	困らない	混まない	ご覧にならない	転ばない
た形	こぼした	困った	混んだ	ご覧になった	転んだ
可能形	こぼせる	–	–	ご覧になれる	転べる
意志形	こぼそう	–	–	ご覧になろう	転ぼう
命令形	こぼせ	–	–	–	転べ
ば形	こぼせば	困れば	混めば	ご覧になれば	転べば
被动	こぼされる	困られる	–	ご覧になられる	転ばれる
使役	こぼさせる	困らせる	–	–	転ばせる
使役被动	こぼさせられる	困らせられる	–	–	転ばせられる
词性	动Ⅰ	动Ⅰ	动Ⅰ	动Ⅰ	动Ⅰ
册	2	1	2	2	2

发音	こわす	さがす	さがる	さく	さけぶ
基本形	壊す	探す	下がる	咲く	叫ぶ
ます形	壊します	探します	下がります	咲きます	叫びます
て形	壊して	探して	下がって	咲いて	叫んで
ない形	壊さない	探さない	下がらない	咲かない	叫ばない
た形	壊した	探した	下がった	咲いた	叫んだ
可能形	壊せる	探せる	下がれる	咲ける	叫べる
意志形	壊そう	探そう	下がろう	咲こう	叫ぼう
命令形	壊せ	探せ	下がれ	咲け	叫べ
ば形	壊せば	探せば	下がれば	咲けば	叫べば
被动	壊される	探される	下がられる	咲かれる	叫ばれる
使役	壊させる	探させる	下がらせる	咲かせる	叫ばせる
使役被动	壊させられる	探させられる	下がらせられる	咲かせられる	叫ばせられる
词性	动Ⅰ	动Ⅰ	动Ⅰ	动Ⅰ	动Ⅰ
册	1	1	2	1	2

发音	さす	さそう	さわぐ	さわる	しかる
基本形	さす	誘う	騒ぐ	触る	しかる
ます形	さします	誘います	騒ぎます	触ります	しかります
て形	さして	誘って	騒いで	触って	しかって
ない形	ささない	誘わない	騒がない	触らない	しからない
た形	さした	誘った	騒いだ	触った	しかった
可能形	させる	誘える	騒げる	触れる	しかれる
意志形	さそう	誘おう	騒ごう	触ろう	しかろう
命令形	させ	誘え	騒げ	触れ	しかれ
ば形	させば	誘えば	騒げば	触れば	しかれば
被动	さされる	誘われる	騒がれる	触られる	しかられる
使役	さされる	誘わせる	騒がせる	触らせる	しからせる
使役被动	ささせられる	誘わせられる	騒がせられる	触らせられる	しからせられる
词性	动I	动I	动I	动I	动I
册	2	1	1	1	2

发音	しぬ	しはらう	しぼる	しまう	しまる
基本形	死ぬ	支払う	絞る	しまう	閉まる
ます形	死にます	支払います	絞ります	しまいます	閉まります
て形	死んで	支払って	絞って	しまって	閉まって
ない形	死なない	支払わない	絞らない	しまわない	閉まらない
た形	死んだ	支払った	絞った	しまった	閉まった
可能形	死ねる	支払える	絞れる	しまえる	-
意志形	死のう	支払おう	絞ろう	しまおう	-
命令形	死ね	支払え	絞れ	しまえ	閉まれ
ば形	死ねば	支払えば	絞れば	しまえば	閉まれば
被动	死なれる	支払われる	絞られる	しまわれる	-
使役	死なせる	支払わせる	絞らせる	しまわせる	-
使役被动	-	支払わせられる	絞らせられる	しまわせられる	-
词性	动Ⅰ	动Ⅰ	动Ⅰ	动Ⅰ	动Ⅰ
册	1	2	2	1	1

发音	しる	すう	すく	すごす	すべる
基本形	知る	吸う	すく	過ごす	滑る
ます形	知ります	吸います	すきます	過ごします	滑ります
て形	知って	吸って	すいて	過ごして	滑って
ない形	知らない	吸わない	すかない	過ごさない	滑らない
た形	知った	吸った	すいた	過ごした	滑った
可能形	知れる	吸える	-	過ごせる	滑れる
意志形	知ろう	吸おう	-	過ごそう	滑ろう
命令形	知れ	吸え	-	過ごせ	滑れ
ば形	知れば	吸えば	すけば	過ごせば	滑れば
被动	知られる	吸われる	-	過ごされる	滑られる
使役	知らせる	吸わせる	すかせる	過ごさせる	滑らせる
使役被动	知らせられる	吸わせられる	-	過ごさせられる	滑らせられる
词性	动Ⅰ	动Ⅰ	动Ⅰ	动Ⅰ	动Ⅰ
册	1	1	1	2	1

发音	すむ	する	すわる	たおす	だす
基本形	住む	する	座る	倒す	出す
ます形	住みます	すります	座ります	倒します	出します
て形	住んで	すって	座って	倒して	出して
ない形	住まない	すらない	座らない	倒さない	出さない
た形	住んだ	すった	座った	倒した	出した
可能形	住める	すれる	座れる	倒せる	出せる
意志形	住もう	すろう	座ろう	倒そう	出そう
命令形	住め	すれ	座れ	倒せ	出せ
ば形	住めば	すれば	座れば	倒せば	出せば
被动	住まれる	すられる	座られる	倒される	出される
使役	住ませる	すらせる	座らせる	倒させる	出させる
使役被动	住ませられる	すらせられる	座らせられる	倒させられる	出させられる
词性	动Ⅰ	动Ⅰ	动Ⅰ	动Ⅰ	动Ⅰ
册	1	2	1	1	1

发音	たたく	たつ	たつ	たつ	たのしむ
基本形	たたく	立つ	建つ	経つ	楽しむ
ます形	たたきます	立ちます	建ちます	経ちます	楽しみます
て形	たたいて	立って	建って	経って	楽しんで
ない形	たたかない	立たない	建たない	経たない	楽しまない
た形	たたいた	立った	建った	経った	楽しんだ
可能形	たたける	立てる	-	-	楽しめる
意志形	たたこう	立とう	-	-	楽しもう
命令形	たたけ	立て	-	-	楽しめ
ば形	たたけば	立てば	建てば	経てば	楽しめば
被动	たたかれる	立たれる	-	-	楽しまれる
使役	たたかせる	立たせる	-	-	楽しませる
使役被动	たたかせられる	立たせられる	-	-	楽しませられる
词性	动Ⅰ	动Ⅰ	动Ⅰ	动Ⅰ	动Ⅰ
册	2	1	1	2	2

发音	たのむ	つかう	つかまる	つきあう	つく
基本形	頼む	使う	つかまる	付き合う	着く
ます形	頼みます	使います	つかまります	付き合います	着きます
て形	頼んで	使って	つかまって	付き合って	着いて
ない形	頼まない	使わない	つかまらない	付き合わない	着かない
た形	頼んだ	使った	つかまった	付き合った	着いた
可能形	頼める	使える	つかまれる	付き合える	着ける
意志形	頼もう	使おう	つかまろう	付き合おう	着こう
命令形	頼め	使え	つかまれ	付き合え	着け
ば形	頼めば	使えば	つかまれば	付き合えば	着けば
被动	頼まれる	使われる	つかまられる	付き合われる	着かれる
使役	頼ませる	使わせる	つかまらせる	付き合わせる	着かせる
使役被动	頼ませられる	使わせられる	つかまらせられる	付き合わせられる	着かせられる
词性	动Ⅰ	动Ⅰ	动Ⅰ	动Ⅰ	动Ⅰ
册	1	1	2	2	1

发音	つく	つく	つぐ	つくる	つづく
基本形	つく	付く	つぐ	作る	続く
ます形	つきます	付きます	つぎます	作ります	続きます
て形	ついて	付いて	ついで	作って	続いて
ない形	つかない	付かない	つがない	作らない	続かない
た形	ついた	付いた	ついだ	作った	続いた
可能形	-	-	つげる	作れる	-
意志形	-	-	つごう	作ろう	続こう
命令形	つけ	付け	つげ	作れ	続け
ば形	つけば	付けば	つげば	作れば	続けば
被动	-	-	つがれる	作られる	-
使役	-	-	つがせる	作らせる	続かせる
使役被动	-	-	つがせられる	作らせられる	-
词性	动Ⅰ	动Ⅰ	动Ⅰ	动Ⅰ	动Ⅰ
册	1	2	2	1	2

发音	つつむ	つながる	つまる	つる	つれていく
基本形	包む	つながる	つまる	釣る	連れていく
ます形	包みます	つながります	つまります	釣ります	連れていきます
て形	包んで	つながって	つまって	釣って	連れていって
ない形	包まない	つながらない	つまらない	釣らない	連れていかない
た形	包んだ	つながった	つまった	釣った	連れていった
可能形	包める	つながれる	-	釣れる	連れていける
意志形	包もう	つながろう	-	釣ろう	連れていこう
命令形	包め	つながれ	つまれ	釣れ	連れていけ
ば形	包めば	つながれば	つまれば	釣れば	連れていけば
被动	包まれる	-	-	釣られる	連れていかれる
使役	包ませる	つながらせる	つまらせる	釣らせる	連れていかせる
使役被动	包ませられる	-	-	釣らせられる	連れていかせられる
词性	动Ⅰ	动Ⅰ	动Ⅰ	动Ⅰ	动Ⅰ
册	2	2	2	1	2

发音	てつだう	とおる	とどく	とぶ	とまる
基本形	手伝う	通る	届く	飛ぶ	泊まる
ます形	手伝います	通ります	届きます	飛びます	泊まります
て形	手伝って	通って	届いて	飛んで	泊まって
ない形	手伝わない	通らない	届かない	飛ばない	泊まらない
た形	手伝った	通った	届いた	飛んだ	泊まった
可能形	手伝える	通れる	–	飛べる	泊まれる
意志形	手伝おう	通ろう	–	飛ぼう	泊まろう
命令形	手伝え	通れ	届け	飛べ	泊まれ
ば形	手伝えば	通れば	届けば	飛べば	泊まれば
被动	手伝われる	通られる	–	飛ばれる	泊まられる
使役	手伝わせる	通らせる	届かせる	飛ばせる	泊まらせる
使役被动	手伝わせられる	通らせられる	–	飛ばせられる	泊まらせられる
词性	动Ⅰ	动Ⅰ	动Ⅰ	动Ⅰ	动Ⅰ
册	1	1	1	1	1

发音	とまる	とる	とる	なおす	なおる
基本形	止まる	撮る	取る	直す	治る
ます形	止まります	撮ります	取ります	直します	治ります
て形	止まって	撮って	取って	直して	治って
ない形	止まらない	撮らない	取らない	直さない	治らない
た形	止まった	撮った	取った	直した	治った
可能形	止まれる	撮れる	取れる	直せる	治れる
意志形	止まろう	撮ろう	取ろう	直そう	-
命令形	止まれ	撮れ	取れ	直せ	治れ
ば形	止まれば	撮れば	取れば	直せば	治れば
被动	止まられる	撮られる	取られる	直される	治られる
使役	止まらせる	撮らせる	取らせる	直させる	治らせる
使役被动	止まらせられる	撮らせられる	取らせられる	直させられる	治らせられる
词性	动Ⅰ	动Ⅰ	动Ⅰ	动Ⅰ	动Ⅰ
册	1	1	1	1	1

发音	なおる	ながす	なく	なくす	なぐりかえす
基本形	直る	流す	泣く	なくす	殴り返す
ます形	直ります	流します	泣きます	なくします	殴り返します
て形	直って	流して	泣いて	なくして	殴り返して
ない形	直らない	流さない	泣かない	なくさない	殴り返さない
た形	直った	流した	泣いた	なくした	殴り返した
可能形	直れる	流せる	泣ける	なくせる	殴り返せる
意志形	-	流そう	泣こう	なくそう	殴り返そう
命令形	直れ	流せ	泣け	なくせ	殴り返せ
ば形	直れば	流せば	泣けば	なくせば	殴り返せば
被动	直られる	流される	泣かれる	なくされる	殴り返される
使役	直らせる	流させる	泣かせる	なくさせる	殴り返させる
使役被动	直らせられる	流させられる	泣かせられる	なくさせられる	殴り返させられる
词性	动Ⅰ	动Ⅰ	动Ⅰ	动Ⅰ	动Ⅰ
册	1	1	2	2	2

发音	なぐる	なさる	なやむ	ならう	ならぶ
基本形	殴る	なさる	悩む	習う	並ぶ
ます形	殴ります	なさいます	悩みます	習います	並びます
て形	殴って	なさって	悩んで	習って	並んで
ない形	殴らない	なさらない	悩まない	習わない	並ばない
た形	殴った	なさった	悩んだ	習った	並んだ
可能形	殴れる	なされる	-	習える	並べる
意志形	殴ろう	なさろう	悩もう	習おう	並ぼう
命令形	殴れ	なさい	悩め	習え	並べ
ば形	殴れば	なされば	悩めば	習えば	並べば
被动	殴られる	-	悩まれる	習われる	並ばれる
使役	殴らせる	-	悩ませる	習わせる	並ばせる
使役被动	殴らせられる	-	悩ませられる	習わせられる	並ばせられる
词性	动Ⅰ	动Ⅰ	动Ⅰ	动Ⅰ	动Ⅰ
册	2	2	2	1	1

发音	なる	なる	にあう	ぬう	ぬぐ
基本形	鳴る	なる	似合う	縫う	脱ぐ
ます形	鳴ります	なります	似合います	縫います	脱ぎます
て形	鳴って	なって	似合って	縫って	脱いで
ない形	鳴らない	ならない	似合わない	縫わない	脱がない
た形	鳴った	なった	似合った	縫った	脱いだ
可能形	-	なれる	-	縫える	脱げる
意志形	-	なろう	-	縫おう	脱ごう
命令形	鳴れ	なれ	-	縫え	脱げ
ば形	鳴れば	なれば	似合えば	縫えば	脱げば
被动	-	なられる	-	縫われる	脱がれる
使役	鳴らせる	ならせる	-	縫わせる	脱がせる
使役被动	-	ならせられる	-	縫わせられる	脱がせられる
词性	动Ⅰ	动Ⅰ	动Ⅰ	动Ⅰ	动Ⅰ
册	1	1	1	2	1

发音	ぬすむ	ねむる	のがす	のこす	のこる
基本形	盗む	眠る	逃す	残す	残る
ます形	盗みます	眠ります	逃します	残します	残ります
て形	盗んで	眠って	逃して	残して	残って
ない形	盗まない	眠らない	逃さない	残さない	残らない
た形	盗んだ	眠った	逃した	残した	残った
可能形	盗める	眠れる	逃せる	残せる	残れる
意志形	盗もう	眠ろう	逃そう	残そう	残ろう
命令形	盗め	眠れ	逃せ	残せ	残れ
ば形	盗めば	眠れば	逃せば	残せば	残れば
被动	盗まれる	眠られる	逃される	残される	残られる
使役	盗ませる	眠らせる	逃させる	残させる	残らせる
使役被动	盗ませられる	眠らせられる	逃させられる	残させられる	残らせられる
词性	动Ⅰ	动Ⅰ	动Ⅰ	动Ⅰ	动Ⅰ
册	2	2	2	2	2

发音	のぼる	のむ	のる	はいる	はく
基本形	登る	飲む	乗る	入る	はく
ます形	登ります	飲みます	乗ります	入ります	はきます
て形	登って	飲んで	乗って	入って	はいて
ない形	登らない	飲まない	乗らない	入らない	はかない
た形	登った	飲んだ	乗った	入った	はいた
可能形	登れる	飲める	乗れる	入れる	はける
意志形	登ろう	飲もう	乗ろう	入ろう	はこう
命令形	登れ	飲め	乗れ	入れ	はけ
ば形	登れば	飲めば	乗れば	入れば	はけば
被动	登られる	飲まれる	乗られる	入られる	はかれる
使役	登らせる	飲ませる	乗らせる	入らせる	はかせる
使役被动	登らせられる	飲ませられる	乗らせられる	入らせられる	はかせられる
词性	动Ⅰ	动Ⅰ	动Ⅰ	动Ⅰ	动Ⅰ
册	1	1	1	1	1

发音	はこぶ	はじまる	はしる	はたらく	はなしあう
基本形	運ぶ	始まる	走る	働く	話し合う
ます形	運びます	始まります	走ります	働きます	話し合います
て形	運んで	始まって	走って	働いて	話し合って
ない形	運ばない	始まらない	走らない	働かない	話し合わない
た形	運んだ	始まった	走った	働いた	話し合った
可能形	運べる	-	走れる	働ける	話し合える
意志形	運ぼう	-	走ろう	働こう	話し合おう
命令形	運べ	始まれ	走れ	働け	話し合え
ば形	運べば	始まれば	走れば	働けば	話し合えば
被动	運ばれる	-	走られる	働かれる	話し合われる
使役	運ばせる	始まらせる	走らせる	働かせる	話し合わせる
使役被动	運ばせられる	-	走らせられる	働かせられる	話し合わせられる
词性	动Ⅰ	动Ⅰ	动Ⅰ	动Ⅰ	动Ⅰ
册	2	1	1	1	2

发音	はなす	はなす	はらう	はる	ひく
基本形	話す	はなす	払う	はる	弾く
ます形	話します	はなします	払います	はります	弾きます
て形	話して	はなして	払って	はって	弾いて
ない形	話さない	はなさない	払わない	はらない	弾かない
た形	話した	はなした	払った	はった	弾いた
可能形	話せる	はなせる	払える	はれる	弾ける
意志形	話そう	はなそう	払おう	はろう	弾こう
命令形	話せ	はなせ	払え	はれ	弾け
ば形	話せば	はなせば	払えば	はれば	弾けば
被动	話される	はなされる	払われる	はられる	弾かれる
使役	話させる	はなさせる	払わせる	はらせる	弾かせる
使役被动	話させられる	はなさせられる	払わせられる	はらせられる	弾かせられる
词性	动I	动I	动I	动I	动I
册	1	2	2	1	1

发音	ひく	ひっかく	ひっこす	ひやす	ひらく
基本形	引く	ひっかく	引っ越す	冷やす	開く
ます形	引きます	ひっかきます	引っ越します	冷やす	開きます
て形	引いて	ひっかいて	引っ越して	冷やして	開いて
ない形	引かない	ひっかかない	引っ越さない	冷やさない	開かない
た形	引いた	ひっかいた	引っ越した	冷やした	開いた
可能形	引ける	ひっかける	引っ越せる	冷やせる	開ける
意志形	引こう	ひっかこう	引っ越そう	冷やそう	開こう
命令形	引け	ひっかけ	引っ越せ	冷やせ	開け
ば形	引けば	ひっかけば	引っ越せば	冷やせば	開けば
被动	引かれる	ひっかかれる	引っ越される	冷やされる	開かれる
使役	引かせる	ひっかかせる	引っ越させる	冷やさせる	開かせる
使役被动	引かせられる	ひっかかせられる	引っ越させられる	冷やさせられる	開かせられる
词性	动Ⅰ	动Ⅰ	动Ⅰ	动Ⅰ	动Ⅰ
册	1	2	1	1	2

发音	ふく	ふく	ふとる	ふむ	ふる
基本形	吹く	ふく	太る	踏む	降る
ます形	吹きます	ふきます	太ります	踏みます	降ります
て形	吹いて	ふいて	太って	踏んで	降って
ない形	吹かない	ふかない	太らない	踏まない	降らない
た形	吹いた	ふいた	太った	踏んだ	降った
可能形	吹ける	ふける	太れる	踏める	-
意志形	吹こう	ふこう	太ろう	踏もう	-
命令形	吹け	ふけ	太れ	踏め	降れ
ば形	吹けば	ふけば	太れば	踏めば	降れば
被动	吹かれる	ふかれる	太られる	踏まれる	降られる
使役	吹かせる	ふかせる	太らせる	踏ませる	降らせる
使役被动	吹かせられる	ふかせられる	太らせられる	踏ませられる	降らせられる
词性	动Ⅰ	动Ⅰ	动Ⅰ	动Ⅰ	动Ⅰ
册	1	2	1	2	1

发音	ふる	ほす	まいる	まがる	まつ
基本形	ふる	干す	参る	曲がる	待つ
ます形	ふります	干します	参ります	曲がります	待ちます
て形	ふって	干して	参って	曲がって	待って
ない形	ふらない	干さない	参らない	曲がらない	待たない
た形	ふった	干した	参った	曲がった	待った
可能形	ふれる	干せる	参れる	曲がれる	待てる
意志形	ふろう	干そう	参ろう	曲がろう	待とう
命令形	ふれ	干せ	参れ	曲がれ	待て
ば形	ふれば	干せば	参れば	曲がれば	待てば
被动	ふられる	干される	参られる	曲がられる	待たれる
使役	ふらせる	干させる	参らせる	曲がらせる	待たせる
使役被动	ふらせられる	干させられる	参らせられる	曲がらせられる	待たせられる
词性	动Ⅰ	动Ⅰ	动Ⅰ	动Ⅰ	动Ⅰ
册	2	2	2	1	1

发音	まにあう	まもる	まよう	まわす	まわる
基本形	間に合う	守る	迷う	回す	周る
ます形	間に合います	守ります	迷います	回します	周ります
て形	間に合って	守って	迷って	回して	周って
ない形	間に合わない	守らない	迷わない	回さない	周らない
た形	間に合った	守った	迷った	回した	周った
可能形	–	守れる	迷える	回せる	周れる
意志形	間に合おう	守ろう	迷おう	回そう	周ろう
命令形	間に合え	守れ	迷え	回せ	周れ
ば形	間に合えば	守れば	迷えば	回せば	周れば
被动	–	守られる	迷われる	回される	周られる
使役	間に合わせる	守らせる	迷わせる	回させる	周らせる
使役被动	–	守らせられる	迷わせられる	回させられる	周らせられる
词性	动 I	动 I	动 I	动 I	动 I
册	1	1	2	1	2

发音	みがく	みなおす	めしあがる	もうしこむ	もうす
基本形	磨く	見直す	召し上がる	申し込む	申す
ます形	磨きます	見直します	召し上がります	申し込みます	申します
て形	磨いて	見直して	召し上がって	申し込んで	申して
ない形	磨かない	見直さない	召し上がらない	申し込まない	申さない
た形	磨いた	見直した	召し上がった	申し込んだ	申した
可能形	磨ける	見直せる	召し上がれる	申し込める	申せる
意志形	磨こう	見直そう	召し上がろう	申し込もう	申そう
命令形	磨け	見直せ	召し上がれ	申し込め	申せ
ば形	磨けば	見直せば	召し上がれば	申し込めば	申せば
被动	磨かれる	見直される	召し上がられる	申し込まれる	-
使役	磨かせる	見直させる	-	申し込ませる	-
使役被动	磨かせられる	見直させられる	-	申し込ませられる	-
词性	动Ⅰ	动Ⅰ	动Ⅰ	动Ⅰ	动Ⅰ
册	1	2	2	1	2

发音	もつ	もどる	もらう	やく	やすむ
基本形	持つ	戻る	もらう	焼く	休む
ます形	持ちます	戻ります	もらいます	焼きます	休みます
て形	持って	戻って	もらって	焼いて	休んで
ない形	持たない	戻らない	もらわない	焼かない	休まない
た形	持った	戻った	もらった	焼いた	休んだ
可能形	持てる	戻れる	もらえる	焼ける	休める
意志形	持とう	戻ろう	もらおう	焼こう	休もう
命令形	持て	戻れ	もらえ	焼け	休め
ば形	持てば	戻れば	もらえば	焼けば	休めば
被动	持たれる	戻られる	もらわれる	焼かれる	休まれる
使役	持たせる	戻らせる	もらわせる	焼かせる	休ませる
使役被动	持たせられる	戻らせられる	もらわせられる	焼かせられる	休ませられる
词性	动Ⅰ	动Ⅰ	动Ⅰ	动Ⅰ	动Ⅰ
册	1	1	1	1	1

发音	やぶる	やる	ゆびさす	よごす	よぶ
基本形	破る	やる	指差す	汚す	呼ぶ
ます形	破ります	やります	指差します	汚します	呼びます
て形	破って	やって	指差して	汚して	呼んで
ない形	破らない	やらない	指差さない	汚さない	呼ばない
た形	破った	やった	指差した	汚した	呼んだ
可能形	破れる	やれる	指差せる	汚せる	呼べる
意志形	破ろう	やろう	指差そう	汚そう	呼ぼう
命令形	破れ	やれ	指差せ	汚せ	呼べ
ば形	破れば	やれば	指差せば	汚せば	呼べば
被动	破られる	やられる	指差される	汚される	呼ばれる
使役	破らせる	やらせる	指差させる	汚させる	呼ばせる
使役被动	破らせられる	やらせられる	指差させられる	汚させられる	呼ばせられる
词性	动Ⅰ	动Ⅰ	动Ⅰ	动Ⅰ	动Ⅰ
册	1	1	2	1	1

发音	よむ	よる	よろこぶ	わかる	わたす
基本形	読む	寄る	喜ぶ	わかる	渡す
ます形	読みます	寄ります	喜びます	わかります	渡します
て形	読んで	寄って	喜んで	わかって	渡して
ない形	読まない	寄らない	喜ばない	わからない	渡さない
た形	読んだ	寄った	喜んだ	わかった	渡した
可能形	読める	寄れる	喜べる	–	渡せる
意志形	読もう	寄ろう	喜ぼう	わかろう	渡そう
命令形	読め	寄れ	喜べ	わかれ	渡せ
ば形	読めば	寄れば	喜べば	わかれば	渡せば
被动	読まれる	寄られる	喜ばれる	–	渡される
使役	読ませる	寄らせる	喜ばせる	わからせる	渡させる
使役被动	読ませられる	寄らせられる	喜ばせられる	–	渡させられる
词性	动Ⅰ	动Ⅰ	动Ⅰ	动Ⅰ	动Ⅰ
册	1	2	2	1	1

发音	わたる	わらう	わる
基本形	渡る	笑う	割る
ます形	渡ります	笑います	割ります
て形	渡って	笑って	割って
ない形	渡らない	笑わない	割らない
た形	渡った	笑った	割った
可能形	渡れる	笑える	割れる
意志形	渡ろう	笑おう	割ろう
命令形	渡れ	笑え	割れ
ば形	渡れば	笑えば	割れば
被动	渡られる	笑われる	割られる
使役	渡らせる	笑わせる	割らせる
使役被动	渡らせられる	笑わせられる	割らせられる
词性	动Ⅰ	动Ⅰ	动Ⅰ
册	1	2	1

发音	あける	あげる	あずける	あつめる	あびる
基本形	開ける	あげる	預ける	集める	浴びる
ます形	開けます	あげます	預けます	集めます	浴びます
て形	開けて	あげて	預けて	集めて	浴びて
ない形	開けない	あげない	預けない	集めない	浴びない
た形	開けた	あげた	預けた	集めた	浴びた
可能形	開けられる	あげられる	預けられる	集められる	浴びられる
意志形	開けよう	あげよう	預けよう	集めよう	浴びよう
命令形	開けろ	あげろ	預けろ	集めろ	浴びろ
ば形	開ければ	あげれば	預ければ	集めれば	浴びれば
被动	開けられる	あげられる	預けられる	集められる	浴びられる
使役	開けさせる	あげさせる	預けさせる	集めさせる	浴びさせる
使役被动	開けさせられる	あげさせられる	預けさせられる	集めさせられる	浴びさせられる
词性	动II	动II	动II	动II	动II
册	1	1	2	1	1

发音	あわてる	いける	いる	いれる	うけつける
基本形	あわてる	いける	いる	入れる	受付ける
ます形	あわてます	いけます	います	入れます	受付けます
て形	あわてて	いけて	いて	入れて	受付けて
ない形	あわてない	いけない	いない	入れない	受付けない
た形	あわてた	いけた	いた	入れた	受付けた
可能形	-	いけられる	いられる	入れられる	受付けられる
意志形	-	いけよう	いよう	入れよう	受付けよう
命令形	あわてろ	いけろ	いろ	入れろ	受付けろ
ば形	あわてれば	いければ	いれば	入れれば	受付ければ
被动	あわてられる	いけられる	いられる	入れられる	受付けられる
使役	あわてさせる	いけさせる	いさせる	入れさせる	受付けさせる
使役被动	あわてさせられる	いけさせられる	いさせられる	入れさせられる	受付けさせられる
词性	动Ⅱ	动Ⅱ	动Ⅱ	动Ⅱ	动Ⅱ
册	2	2	1	1	2

发音	うける	うまれる	うりきれる	おきる	おくれる
基本形	受ける	生まれる	売り切れる	起きる	遅れる
ます形	受けます	生まれます	売り切れます	起きます	遅れます
て形	受けて	生まれて	売り切れて	起きて	遅れて
ない形	受けない	生まれない	売り切れない	起きない	遅れない
た形	受けた	生まれた	売り切れた	起きた	遅れた
可能形	受けられる	-	-	起きられる	遅れられる
意志形	受けよう	-	-	起きよう	遅れよう
命令形	受けろ	生まれろ	売り切れろ	起きろ	遅れろ
ば形	受ければ	生まれれば	売り切れれば	起きれば	遅れれば
被动	受けられる	生まれられる	-	起きられる	遅れられる
使役	受けさせる	生まれさせる	売り切れさせる	-	遅れさせる
使役被动	受けさせられる	生まれさせられる	-	-	遅れさせられる
词性	动II	动II	动II	动II	动II
册	1	1	2	1	1

发音	おしえる	おちる	おぼえる	かえる	かえる
基本形	教える	落ちる	覚える	変える	代える
ます形	教えます	落ちます	覚えます	変えます	代えます
て形	教えて	落ちて	覚えて	変えて	代えて
ない形	教えない	落ちない	覚えない	変えない	代えない
た形	教えた	落ちた	覚えた	変えた	代えた
可能形	教えられる	-	覚えられる	変えられる	代えられる
意志形	教えよう	-	覚えよう	変えよう	代えよう
命令形	教えろ	落ちろ	覚えろ	変えろ	代えろ
ば形	教えれば	落ちれば	覚えれば	変えれば	代えれば
被动	教えられる	-	覚えられる	変えられる	代えられる
使役	教えさせる	-	覚えさせる	変えさせる	代えさせる
使役被动	教えさせられる	-	覚えさせられる	変えさせられる	代えさせられる
词性	动Ⅱ	动Ⅱ	动Ⅱ	动Ⅱ	动Ⅱ
册	1	1	1	1	2

发音	かえる	かえる	かける	かたづける	かりる
基本形	換える	替える	かける	片付ける	借りる
ます形	換えます	替えます	かけます	片付けます	借ります
て形	換えて	替えて	かけて	片付けて	借りて
ない形	換えない	替えない	かけない	片付けない	借りない
た形	換えた	替えた	かけた	片付けた	借りた
可能形	換えられる	替えられる	かけられる	片付けられる	借りられる
意志形	換えよう	替えよう	かけよう	片付けよう	借りよう
命令形	換えろ	替えろ	かけろ	片付けろ	借りろ
ば形	換えれば	替えれば	かければ	片付ければ	借りれば
被动	換えられる	替えられる	かけられる	片付けられる	借りられる
使役	換えさせる	替えさせる	かけさせる	片付けさせる	借りさせる
使役被动	換えさせられる	替えさせられる	かけさせられる	片付けさせられる	借りさせられる
词性	动Ⅱ	动Ⅱ	动Ⅱ	动Ⅱ	动Ⅱ
册	2	2	1	1	1

发音	かんがえる	きえる	きがえる	きこえる	きめる
基本形	考える	消える	着替える	聞こえる	決める
ます形	考えます	消えます	着替えます	聞こえます	決めます
て形	考えて	消えて	着替えて	聞こえて	決めて
ない形	考えない	消えない	着替えない	聞こえない	決めない
た形	考えた	消えた	着替えた	聞こえた	決めた
可能形	考えられる	−	着替えられる	−	決められる
意志形	考えよう	−	着替えよう	−	決めよう
命令形	考えろ	消えろ	着替えろ	聞こえろ	決めろ
ば形	考えれば	消えれば	着替えれば	聞こえれば	決めれば
被动	考えられる	−	着替えられる	−	決められる
使役	考えさせる	−	着替えさせる	−	決めさせる
使役被动	考えさせられる	−	着替えさせられる	−	決めさせられる
词性	**动Ⅱ**	**动Ⅱ**	**动Ⅱ**	**动Ⅱ**	**动Ⅱ**
册	2	1	1	2	1

发音	きる	きれる	くらべる	くれる	こたえる
基本形	着る	切れる	比べる	くれる	答える
ます形	着ます	切れます	比べます	くれます	答えます
て形	着て	切れて	比べて	くれて	答えて
ない形	着ない	切れない	比べない	くれない	答えない
た形	着た	切れた	比べた	くれた	答えた
可能形	着られる	-	比べられる	-	答えられる
意志形	着よう	-	比べよう	くれよう	答えよう
命令形	着ろ	切れろ	比べろ	くれ	答えろ
ば形	着れば	切れれば	比べれば	くれれば	答えれば
被动	着られる	-	比べられる	-	答えられる
使役	着させる	-	比べさせる	-	答えさせる
使役被动	着させられる	-	比べさせられる	-	答えさせられる
词性	动II	动II	动II	动II	动II
册	1	1	2	1	1

发音	こぼれる	こわれる	さしあげる	さめる	しめる
基本形	こぼれる	壊れる	さしあげる	覚める	閉める
ます形	こぼれます	壊れます	さしあげます	覚めます	閉めます
て形	こぼれて	壊れて	さしあげて	覚めて	閉めて
ない形	こぼれない	壊れない	さしあげない	覚めない	閉めない
た形	こぼれた	壊れた	さしあげた	覚めた	閉めた
可能形	-	-	さしあげられる	覚められる	閉められる
意志形	-	-	さしあげよう	覚めよう	閉めよう
命令形	こぼれろ	壊れろ	さしあげろ	覚めろ	閉めろ
ば形	こぼれれば	壊れれば	さしあげれば	覚めれば	閉めれば
被动	-	-	-	覚められる	閉められる
使役	こぼれさせる	-	-	覚めさせる	閉めさせる
使役被动	-	-	-	覚めさせられる	閉めさせられる
词性	动Ⅱ	动Ⅱ	动Ⅱ	动Ⅱ	动Ⅱ
册	1	1	2	2	1

发音	しらせる	しらべる	しんじる	すぎる	すすめる
基本形	知らせる	調べる	信じる	過ぎる	勧める
ます形	知らせます	調べます	信じます	過ぎます	勧めます
て形	知らせて	調べて	信じて	過ぎて	勧めて
ない形	知らせない	調べない	信じない	過ぎない	勧めない
た形	知らせた	調べた	信じた	過ぎた	勧めた
可能形	知らせられる	調べられる	信じられる	過ぎられる	勧められる
意志形	知らせよう	調べよう	信じよう	-	勧めよう
命令形	知らせろ	調べろ	信じろ	-	勧めろ
ば形	知らせれば	調べれば	信じれば	過ぎれば	勧めれば
被动	知らせられる	調べられる	信じられる	-	勧められる
使役	知らせさせる	調べさせる	信じさせる	-	勧めさせる
使役被动	知らせさせられる	調べさせられる	信じさせられる	-	勧めさせられる
词性	动II	动II	动II	动II	动II
册	1	1	1	2	2

发音	すてる	そだてる	ぞんじる	たおれる	たすける
基本形	捨てる	育てる	存じる	倒れる	助ける
ます形	捨てます	育てます	存じます	倒れます	助けます
て形	捨てて	育てて	存じて	倒れて	助けて
ない形	捨てない	育てない	存じない	倒れない	助けない
た形	捨てた	育てた	存じた	倒れた	助けた
可能形	捨てられる	育てられる	-	-	助けられる
意志形	捨てよう	育てよう	-	-	助けよう
命令形	捨てろ	育てろ	-	倒れろ	助けろ
ば形	捨てれば	育てれば	存じれば	倒れれば	助ければ
被动	捨てられる	育てられる	-	倒れられる	助けられる
使役	捨てさせる	育てさせる	-	倒れさせる	助けさせる
使役被动	捨てさせられる	育てさせられる	-	倒れさせられる	助けさせられる
词性	动Ⅱ	动Ⅱ	动Ⅱ	动Ⅱ	动Ⅱ
册	1	2	2	1	2

发音	たずねる	たてる	たべる	ためる	たりる
基本形	たずねる	建てる	食べる	ためる	足りる
ます形	たずねます	建てます	食べます	ためます	足ります
て形	たずねて	建てて	食べて	ためて	足りて
ない形	たずねない	建てない	食べない	ためない	足りない
た形	たずねた	建てた	食べた	ためた	足りた
可能形	たずねられる	建てられる	食べられる	ためられる	-
意志形	たずねよう	建てよう	食べよう	ためよう	-
命令形	たずねろ	建てろ	食べろ	ためろ	-
ば形	たずねれば	建てれば	食べれば	ためれば	足りれば
被动	たずねられる	建てられる	食べられる	ためられる	-
使役	たずねさせる	建てさせる	食べさせる	ためさせる	-
使役被动	たずねさせられる	建てさせられる	食べさせられる	ためさせられる	-
词性	动II	动II	动II	动II	动II
册	2	2	1	2	2

发音	つかまえる	つかれる	つける	つたえる	つづける
基本形	つかまえる	疲れる	つける	伝える	続ける
ます形	つかまえます	疲れます	つけます	伝えます	続けます
て形	つかまえて	疲れて	つけて	伝えて	続けて
ない形	つかまえない	疲れない	つけない	伝えない	続けない
た形	つかまえた	疲れた	つけた	伝えた	続けた
可能形	つかまえられる	—	つけられる	伝えられる	続けられる
意志形	つかまえよう	—	つけよう	伝えよう	続けよう
命令形	つかまえろ	—	つけろ	伝えろ	続けろ
ば形	つかまえれば	疲れれば	つければ	伝えれば	続ければ
被动	つかまえられる	—	つけられる	伝えられる	続けられる
使役	つかまえさせる	疲れさせる	つけさせる	伝えさせる	続けさせる
使役被动	つかまえさせられる	—	つけさせられる	伝えさせられる	続けさせられる
词性	动Ⅱ	动Ⅱ	动Ⅱ	动Ⅱ	动Ⅱ
册	2	1	1	2	1

发音	つとめる	つれる	でかける	できる	でる
基本形	勤める	連れる	出かける	できる	出る
ます形	勤めます	連れます	出かけます	できます	出ます
て形	勤めて	連れて	出かけて	できて	出て
ない形	勤めない	連れない	出かけない	できない	出ない
た形	勤めた	連れた	出かけた	できた	出た
可能形	勤められる	連れられる	出かけられる	-	出られる
意志形	勤めよう	連れよう	出かけよう	-	出よう
命令形	勤めろ	連れろ	出かけろ	できろ	出ろ
ば形	勤めれば	連れれば	出かければ	できれば	出れば
被动	勤められる	連れられる	出かけられる	-	出られる
使役	勤めさせる	連れさせる	出かけさせる	-	出させる
使役被动	勤めさせられる	連れさせられる	出かけさせられる	-	出させられる
词性	动II	动II	动II	动II	动II
册	1	2	1	1	1

发音	とける	とめる	とりあげる	とれる	ながれる
基本形	とける	止める	取りあげる	取れる	流れる
ます形	とけます	止めます	取りあげます	取れます	流れます
て形	とけて	止めて	取りあげて	取れて	流れて
ない形	とけない	止めない	取りあげない	取れない	流れない
た形	とけた	止めた	取りあげた	取れた	流れた
可能形	−	止められる	取りあげられる	−	−
意志形	−	止めよう	取りあげよう	−	−
命令形	とけろ	止めろ	取りあげろ	取れろ	流れろ
ば形	とければ	止めれば	取りあげれば	取れれば	流れれば
被动	−	止められる	取りあげられる	−	−
使役	とけさせる	止めさせる	取りあげさせる	−	流れさせる
使役被动	−	止めさせられる	取りあげさせられる	−	−
词性	动Ⅱ	动Ⅱ	动Ⅱ	动Ⅱ	动Ⅱ
册	2	1	2	1	1

发音	なげる	なでる	ならべる	なれる	にげる
基本形	投げる	なでる	並べる	慣れる	逃げる
ます形	投げます	なでます	並べます	慣れます	逃げます
て形	投げて	なでて	並べて	慣れて	逃げて
ない形	投げない	なでない	並べない	慣れない	逃げない
た形	投げた	なでた	並べた	慣れた	逃げた
可能形	投げられる	なでられる	並べられる	慣れられる	逃げられる
意志形	投げよう	なでよう	並べよう	慣れよう	逃げよう
命令形	投げろ	なでろ	並べろ	慣れろ	逃げろ
ば形	投げれば	なでれば	並べれば	慣れれば	逃げれば
被动	投げられる	なでられる	並べられる	慣れられる	逃げられる
使役	投げさせる	なでさせる	並べさせる	慣れさせる	逃げさせる
使役被动	投げさせられる	なでさせられる	並べさせられる	慣れさせられる	逃げさせられる
词性	动Ⅱ	动Ⅱ	动Ⅱ	动Ⅱ	动Ⅱ
册	2	2	1	1	2

发音	ねる	のせる	はじめる	はれる	はれる
基本形	寝る	のせる	始める	晴れる	はれる
ます形	寝ます	のせます	始めます	晴れます	はれます
て形	寝て	のせて	始めて	晴れて	はれて
ない形	寝ない	のせない	始めない	晴れない	はれない
た形	寝た	のせた	始めた	晴れた	はれた
可能形	寝られる	のせられる	始められる	-	-
意志形	寝よう	のせよう	始めよう	-	-
命令形	寝ろ	のせろ	始めろ	晴れろ	はれろ
ば形	寝れば	のせれば	始めれば	晴れれば	はれれば
被动	寝られる	のせられる	始められる	-	-
使役	寝させる	のせさせる	始めさせる	晴れさせる	はれさせる
使役被动	寝させられる	のせさせられる	始めさせられる	-	-
词性	动Ⅱ	动Ⅱ	动Ⅱ	动Ⅱ	动Ⅱ
册	1	1	1	1	2

发音	ひえる	ひろげる	ふえる	ほえる	ほめる
基本形	冷える	広げる	増える	吠える	ほめる
ます形	冷えます	広げます	増えます	吠えます	ほめます
て形	冷えて	広げて	増えて	吠えて	ほめて
ない形	冷えない	広げない	増えない	吠えない	ほめない
た形	冷えた	広げた	増えた	吠えた	ほめた
可能形	–	広げられる	–	–	ほめられる
意志形	–	広げよう	–	吠えよう	ほめよう
命令形	冷えろ	広げろ	増えろ	吠えろ	ほめろ
ば形	冷えれば	広げれば	増えれば	吠えれば	ほめれば
被动	–	広げられる	–	吠えられる	ほめられる
使役	冷えさせる	広げさせる	増えさせる	吠えさせる	ほめさせる
使役被动	–	広げさせられる	–	吠えさせられる	ほめさせられる
词性	动II	动II	动II	动II	动II
册	1	2	2	2	2

发音	まぜる	まちがえる	まとめる	みえる	みせる
基本形	混ぜる	間違える	まとめる	見える	見せる
ます形	混ぜます	間違えます	まとめます	見えます	見せます
て形	混ぜて	間違えて	まとめて	見えて	見せて
ない形	混ぜない	間違えない	まとめない	見えない	見せない
た形	混ぜた	間違えた	まとめた	見えた	見せた
可能形	混ぜられる	間違えられる	まとめられる	-	見せられる
意志形	混ぜよう	間違えよう	まとめよう	-	見せよう
命令形	混ぜろ	間違えろ	まとめろ	見えろ	見せろ
ば形	混ぜれば	間違えれば	まとめれば	見えれば	見せれば
被动	混ぜられる	間違えられる	まとめられる	-	見せられる
使役	混ぜさせる	間違えさせる	まとめさせる	見えさせる	-
使役被动	混ぜさせられる	間違えさせられる	まとめさせられる	-	-
词性	动II	动II	动II	动II	动II
册	2	1	2	2	1

发音	みる	むかえる	もえる	やせる	やぶれる
基本形	見る	迎える	燃える	やせる	破れる
ます形	見ます	迎えます	燃えます	やせます	破れます
て形	見て	迎えて	燃えて	やせて	破れて
ない形	見ない	迎えない	燃えない	やせない	破れない
た形	見た	迎えた	燃えた	やせた	破れた
可能形	見られる	迎えられる	-	やせられる	-
意志形	見よう	迎えよう	-	やせよう	-
命令形	見ろ	迎えろ	燃えろ	やせろ	破れろ
ば形	見れば	迎えれば	燃えれば	やせれば	破れれば
被动	見られる	迎えられる	-	やせられる	-
使役	見させる	迎えさせる	燃えさせる	やせさせる	破れさせる
使役被动	見させられる	迎えさせられる	-	やせさせられる	-
词性	动II	动II	动II	动II	动II
册	1	2	1	2	1

发音	やめる	よごれる	わかれる	わすれる	われる
基本形	やめる	汚れる	別れる	忘れる	割れる
ます形	やめます	汚れます	別れます	忘れます	割れます
て形	やめて	汚れて	別れて	忘れて	割れて
ない形	やめない	汚れない	別れない	忘れない	割れない
た形	やめた	汚れた	別れた	忘れた	割れた
可能形	やめられる	−	別れられる	忘れられる	−
意志形	やめよう	−	別れよう	忘れよう	−
命令形	やめろ	汚れろ	別れろ	忘れろ	割れろ
ば形	やめれば	汚れれば	別れれば	忘れれば	割れれば
被动	やめられる	−	別れられる	忘れられる	−
使役	やめさせる	−	別れさせる	忘れさせる	−
使役被动	やめさせられる	−	別れさせられる	忘れさせられる	−
词性	动Ⅱ	动Ⅱ	动Ⅱ	动Ⅱ	动Ⅱ
册	2	1	1	1	1

发音	あいさつする	あいする	あいようする	あくしゅする	アクセスする
基本形	あいさつする	愛する	愛用する	握手する	アクセスする
ます形	あいさつします	愛します	愛用します	握手します	アクセスします
て形	あいさつして	愛して	愛用して	握手して	アクセスして
ない形	あいさつしない	愛さない	愛用しない	握手しない	アクセスしない
た形	あいさつした	愛した	愛用した	握手した	アクセスした
可能形	あいさつできる	愛せる	愛用できる	握手できる	アクセスできる
意志形	あいさつしよう	愛そう	愛用しよう	握手しよう	アクセスしよう
命令形	あいさつしろ	愛せ（よ）	愛用しろ	握手しろ	アクセスしろ
ば形	あいさつすれば	愛すれば（愛せば）	愛用すれば	握手すれば	アクセスすれば
被动	あいさつされる	愛される	愛用される	握手される	アクセスされる
使役	あいさつさせる	愛させる	愛用させる	握手させる	アクセスさせる
使役被动	あいさつさせられる	愛させられる	愛用させられる	握手させられる	アクセスさせられる
词性	动III	动III	动III	动III	动III
册	2	2	2	2	2

发音	あさねぼうする	あんしんする	あんないする	いらいらする	えんそうする
基本形	朝ねぼうする	安心する	案内する	いらいらする	演奏する
ます形	朝ねぼうします	安心します	案内します	いらいらします	演奏します
て形	朝ねぼうして	安心して	案内して	いらいらして	演奏して
ない形	朝ねぼうしない	安心しない	案内しない	いらいらしない	演奏しない
た形	朝ねぼうした	安心した	案内した	いらいらした	演奏した
可能形	朝ねぼうできる	安心できる	案内できる	—	演奏できる
意志形	朝ねぼうしよう	安心しよう	案内しよう	—	演奏しよう
命令形	朝ねぼうしろ	安心しろ	案内しろ	いらいらしろ	演奏しろ
ば形	朝ねぼうすれば	安心すれば	案内すれば	いらいらすれば	演奏すれば
被动	朝ねぼうされる	安心される	案内される	いらいらされる	演奏される
使役	朝ねぼうさせる	安心させる	案内させる	いらいらさせる	演奏させる
使役被动	朝ねぼうさせられる	安心させられる	案内させられる	いらいらさせられる	演奏させられる
词性	动Ⅲ	动Ⅲ	动Ⅲ	动Ⅲ	动Ⅲ
册	2	2	1	2	1

发音	えんりょする	おうえんする	おおよろこびする	かいさいする	かいさんする
基本形	遠慮する	応援する	大喜びする	開催する	解散する
ます形	遠慮します	応援します	大喜びします	開催します	解散します
て形	遠慮して	応援して	大喜びして	開催して	解散して
ない形	遠慮しない	応援しない	大喜びしない	開催しない	解散しない
た形	遠慮した	応援した	大喜びした	開催した	解散した
可能形	遠慮できる	応援できる	大喜びできる	開催できる	解散できる
意志形	遠慮しよう	応援しよう	大喜びしよう	開催しよう	解散しよう
命令形	遠慮しろ	応援しろ	大喜びしろ	開催しろ	解散しろ
ば形	遠慮すれば	応援すれば	大喜びすれば	開催すれば	解散すれば
被动	遠慮される	応援される	大喜びされる	開催される	解散される
使役	遠慮させる	応援させる	大喜びさせる	開催させる	解散させる
使役被动	遠慮させられる	応援させられる	大喜びさせられる	開催させられる	解散させられる
词性	动III	动III	动III	动III	动III
册	2	2	2	2	2

发音	かいしょうする	かいはつする	かいものする	かくにんする	がっかりする
基本形	解消する	開発する	買物する	確認する	がっかりする
ます形	解消します	開発します	買物します	確認します	がっかりします
て形	解消して	開発して	買物して	確認して	がっかりして
ない形	解消しない	開発しない	買物しない	確認しない	がっかりしない
た形	解消した	開発した	買物した	確認した	がっかりした
可能形	解消できる	開発できる	買物できる	確認できる	-
意志形	解消しよう	開発しよう	買物しよう	確認しよう	-
命令形	解消しろ	開発しろ	買物しろ	確認しろ	-
ば形	解消すれば	開発すれば	買物すれば	確認すれば	がっかりすれば
被动	解消される	開発される	買物される	確認される	がっかりされる
使役	解消させる	開発させる	買物させる	確認させる	がっかりさせる
使役被动	解消させられる	開発させられる	買物させられる	確認させられる	がっかりさせられる
词性	动III	动III	动III	动III	动III
册	2	2	1	2	2

发音	かにゅうする	かんしゃする	かんどうする	きこくする	きょうりょくする
基本形	加入する	感謝する	感動する	帰国する	協力する
ます形	加入します	感謝します	感動します	帰国します	協力します
て形	加入して	感謝して	感動して	帰国して	協力して
ない形	加入しない	感謝しない	感動しない	帰国しない	協力しない
た形	加入した	感謝した	感動した	帰国した	協力した
可能形	加入できる	感謝できる	感動できる	帰国できる	協力できる
意志形	加入しよう	感謝しよう	感動しよう	帰国しよう	協力しよう
命令形	加入しろ	感謝しろ	感動しろ	帰国しろ	協力しろ
ば形	加入すれば	感謝すれば	感動すれば	帰国すれば	協力すれば
被动	加入される	感謝される	感動される	帰国される	協力される
使役	加入させる	感謝させる	感動させる	帰国させる	協力させる
使役被动	加入させられる	感謝させられる	感動させられる	帰国させられる	協力させられる
词性	动III	动III	动III	动III	动III
册	2	2	2	2	2

发音	くる	くろうする	けいやくする	けっこんする	けっせきする
基本形	来（く）る	苦労する	契約する	結婚する	欠席する
ます形	来（き）ます	苦労します	契約します	結婚します	欠席します
て形	来（き）て	苦労して	契約して	結婚して	欠席して
ない形	来（こ）ない	苦労しない	契約しない	結婚しない	欠席しない
た形	来（き）た	苦労した	契約した	結婚した	欠席した
可能形	来（こ）られる	苦労できる	契約できる	結婚できる	欠席できる
意志形	来（こ）よう	苦労しよう	契約しよう	結婚しよう	欠席しよう
命令形	来（こ）い	苦労しろ	契約しろ	結婚しろ	欠席しろ
ば形	来（く）れば	苦労すれば	契約すれば	結婚すれば	欠席すれば
被动	来（こ）られる	苦労される	契約される	結婚される	欠席される
使役	来（こ）させる	苦労させる	契約させる	結婚させる	欠席させる
使役被动	来（こ）させられる	苦労させられる	契約させられる	結婚させられる	欠席させられる
词性	动Ⅲ	动Ⅲ	动Ⅲ	动Ⅲ	动Ⅲ
册	1	2	2	1	1

发音	けんがくする	けんきゅうする	けんさくする	けんせつする	こうかいする
基本形	見学する	研究する	検索する	建設する	公開する
ます形	見学します	研究します	検索します	建設します	公開します
て形	見学して	研究して	検索して	建設して	公開して
ない形	見学しない	研究しない	検索しない	建設しない	公開しない
た形	見学した	研究した	検索した	建設した	公開した
可能形	見学できる	研究できる	検索できる	建設できる	公開できる
意志形	見学しよう	研究しよう	検索しよう	建設しよう	公開しよう
命令形	見学しろ	研究しろ	検索しろ	建設しろ	公開しろ
ば形	見学すれば	研究すれば	検索すれば	建設すれば	公開すれば
被動	見学される	研究される	検索される	建設される	公開される
使役	見学させる	研究させる	検索させる	建設させる	公開させる
使役被动	見学させられる	研究させられる	検索させられる	建設させられる	公開させられる
词性	动III	动III	动III	动III	动III
册	2	2	2	2	2

发音	ごうかくする	こうしんする	こくはくする	ごちそうする	コピーする
基本形	合格する	更新する	告白する	ごちそうする	コピーする
ます形	合格します	更新します	告白します	ごちそうします	コピーします
て形	合格して	更新して	告白して	ごちそうして	コピーして
ない形	合格しない	更新しない	告白しない	ごちそうしない	コピーしない
た形	合格した	更新した	告白した	ごちそうした	コピーした
可能形	合格できる	更新できる	告白できる	ごちそうできる	コピーできる
意志形	合格しよう	更新しよう	告白しよう	ごちそうしよう	コピーしよう
命令形	合格しろ	更新しろ	告白しろ	ごちそうしろ	コピーしろ
ば形	合格すれば	更新すれば	告白すれば	ごちそうすれば	コピーすれば
被动	合格される	更新される	告白される	ごちそうされる	コピーされる
使役	合格させる	更新させる	告白させる	ごちそうさせる	コピーさせる
使役被动	合格させられる	更新させられる	告白させられる	ごちそうさせられる	コピーさせられる
词性	**动Ⅲ**	**动Ⅲ**	**动Ⅲ**	**动Ⅲ**	**动Ⅲ**
册	1	2	2	2	1

発音	さいきどうする	さっきょくする	さんかする	しちゃくする	しつもんする
基本形	再起動する	作曲する	参加する	試着する	質問する
ます形	再起動します	作曲します	参加します	試着します	質問します
て形	再起動して	作曲して	参加して	試着して	質問して
ない形	再起動しない	作曲しない	参加しない	試着しない	質問しない
た形	再起動した	作曲した	参加した	試着した	質問した
可能形	再起動できる	作曲できる	参加できる	試着できる	質問できる
意志形	再起動しよう	作曲しよう	参加しよう	試着しよう	質問しよう
命令形	再起動しろ	作曲しろ	参加しろ	試着しろ	質問しろ
ば形	再起動すれば	作曲すれば	参加すれば	試着すれば	質問すれば
被动	再起動される	作曲される	参加される	試着される	質問される
使役	再起動させる	作曲させる	参加させる	試着させる	質問させる
使役被动	再起動させられる	作曲させられる	参加させられる	試着させられる	質問させられる
词性	动III	动III	动III	动III	动III
册	1	2	2	1	1

发音	しつれいする	じにんする	しゅうしょくする	しゅうりする	しゅうりょうする
基本形	失礼する	辞任する	就職する	修理する	終了する
ます形	失礼します	辞任します	就職します	修理します	終了します
て形	失礼して	辞任して	就職して	修理して	終了して
ない形	失礼しない	辞任しない	就職しない	修理しない	終了しない
た形	失礼した	辞任した	就職した	修理した	終了した
可能形	–	辞任できる	就職できる	修理できる	終了できる
意志形	失礼しよう	辞任しよう	就職しよう	修理しよう	終了しよう
命令形	–	辞任しろ	就職しろ	修理しろ	終了しろ
ば形	失礼すれば	辞任すれば	就職すれば	修理すれば	終了すれば
被动	–	辞任される	就職される	修理される	終了される
使役	–	辞任させる	就職させる	修理させる	終了させる
使役被动	–	辞任させられる	就職させられる	修理させられる	終了させられる
词性	动Ⅲ	动Ⅲ	动Ⅲ	动Ⅲ	动Ⅲ
册	2	2	2	2	2

发音	しゅっせきする	しゅっぱんする	しょうかいする	じょうしゃする	しょうしんする
基本形	出席する	出版する	紹介する	乗車する	昇進する
ます形	出席します	出版します	紹介します	乗車します	昇進します
て形	出席して	出版して	紹介して	乗車して	昇進して
ない形	出席しない	出版しない	紹介しない	乗車しない	昇進しない
た形	出席した	出版した	紹介した	乗車した	昇進した
可能形	出席できる	出版できる	紹介できる	乗車できる	昇進できる
意志形	出席しよう	出版しよう	紹介しよう	乗車しよう	昇進しよう
命令形	出席しろ	出版しろ	紹介しろ	乗車しろ	昇進しろ
ば形	出席すれば	出版すれば	紹介すれば	乗車すれば	昇進すれば
被动	出席される	出版される	紹介される	乗車される	昇進される
使役	出席させる	出版させる	紹介させる	乗車させる	昇進させる
使役被动	出席させられる	出版させられる	紹介させられる	乗車させられる	昇進させられる
词性	**动**III	**动**III	**动**III	**动**III	**动**III
册	2	2	1	2	2

发音	しようする	しょうたいする	じょうりくする	ジョギングする	しんがくする
基本形	使用する	招待する	上陸する	ジョギングする	進学する
ます形	使用します	招待します	上陸します	ジョギングします	進学します
て形	使用して	招待して	上陸して	ジョギングして	進学して
ない形	使用しない	招待しない	上陸しない	ジョギングしない	進学しない
た形	使用した	招待した	上陸した	ジョギングした	進学した
可能形	使用できる	招待できる	上陸できる	ジョギングできる	進学できる
意志形	使用しよう	招待しよう	上陸しよう	ジョギングしよう	進学しよう
命令形	使用しろ	招待しろ	上陸しろ	ジョギングしろ	進学しろ
ば形	使用すれば	招待すれば	上陸すれば	ジョギングすれば	進学すれば
被动	使用される	招待される	上陸される	ジョギングされる	進学される
使役	使用させる	招待させる	上陸させる	ジョギングさせる	進学させる
使役被动	使用させられる	招待させられる	上陸させられる	ジョギングさせられる	進学させられる
词性	动III	动III	动III	动III	动III
册	2	2	2	1	2

发音	しんぱいする	しんらいする	する	せいこうする	セットする
基本形	心配する	信頼する	する	成功する	セットする
ます形	心配します	信頼します	します	成功します	セットします
て形	心配して	信頼して	して	成功して	セットして
ない形	心配しない	信頼しない	しない	成功しない	セットしない
た形	心配した	信頼した	した	成功した	セットした
可能形	心配できる	信頼できる	できる	成功できる	セットできる
意志形	心配しよう	信頼しよう	しよう	成功しよう	セットしよう
命令形	心配しろ	信頼しろ	しろ	成功しろ	セットしろ
ば形	心配すれば	信頼すれば	すれば	成功すれば	セットすれば
被动	心配される	信頼される	される	成功される	セットされる
使役	心配させる	信頼させる	させる	成功させる	セットさせる
使役被动	心配させられる	信頼させられる	させられる	成功させられる	セットさせられる
词性	动III	动III	动III	动III	动III
册	2	2	1	1	1

发音	せんこうする	せんたくする	せんねんする	そうじする	そうたいする
基本形	専攻する	洗濯する	専念する	掃除する	早退する
ます形	専攻します	洗濯します	専念します	掃除します	早退します
て形	専攻して	洗濯して	専念して	掃除して	早退して
ない形	専攻しない	洗濯しない	専念しない	掃除しない	早退しない
た形	専攻した	洗濯した	専念した	掃除した	早退した
可能形	専攻できる	洗濯できる	専念できる	掃除できる	早退できる
意志形	専攻しよう	洗濯しよう	専念しよう	掃除しよう	早退しよう
命令形	専攻しろ	洗濯しろ	専念しろ	掃除しろ	早退しろ
ば形	専攻すれば	洗濯すれば	専念すれば	掃除すれば	早退すれば
被动	専攻される	洗濯される	専念される	掃除される	早退される
使役	専攻させる	洗濯させる	専念させる	掃除させる	早退させる
使役被动	専攻させられる	洗濯させられる	専念させられる	掃除させられる	早退させられる
词性	动Ⅲ	动Ⅲ	动Ⅲ	动Ⅲ	动Ⅲ
册	1	1	2	1	1

发音	そうだんする	そつぎょうする	たいいんする	たいしょくする	たいせつにする
基本形	相談する	卒業する	退院する	退職する	大切にする
ます形	相談します	卒業します	退院します	退職します	大切にします
て形	相談して	卒業して	退院して	退職して	大切にして
ない形	相談しない	卒業しない	退院しない	退職しない	大切にしない
た形	相談した	卒業した	退院した	退職した	大切にした
可能形	相談できる	卒業できる	退院できる	退職できる	大切にできる
意志形	相談しよう	卒業しよう	退院しよう	退職しよう	大切にしよう
命令形	相談しろ	卒業しろ	退院しろ	退職しろ	大切にしろ
ば形	相談すれば	卒業すれば	退院すれば	退職すれば	大切にすれば
被动	相談される	卒業される	退院される	退職される	大切にされる
使役	相談させる	卒業させる	退院させる	退職させる	大切にさせる
使役被动	相談させられる	卒業させられる	退院させられる	退職させられる	大切にさせられる
词性	动III	动III	动III	动III	动III
册	2	1	2	2	2

发音	たいそうする	たはつする	ちこくする	ちゅういする	ちゅうたいする
基本形	体操する	多発する	遅刻する	注意する	中退する
ます形	体操します	多発します	遅刻します	注意します	中退します
て形	体操して	多発して	遅刻して	注意して	中退して
ない形	体操しない	多発しない	遅刻しない	注意しない	中退しない
た形	体操した	多発した	遅刻した	注意した	中退した
可能形	体操できる	-	遅刻できる	注意できる	中退できる
意志形	体操しよう	-	遅刻しよう	注意しよう	中退しよう
命令形	体操しろ	-	遅刻しろ	注意しろ	中退しろ
ば形	体操すれば	多発すれば	遅刻すれば	注意すれば	中退すれば
被动	体操される	-	遅刻される	注意される	中退される
使役	体操させる	多発させる	遅刻させる	注意させる	中退させる
使役被动	体操させられる	-	遅刻させられる	注意させられる	中退させられる
词性	动III	动III	动III	动III	动III
册	1	2	2	1	2

发音	ちゅうもんする	ちょうせんする	ちょきんする	ていしゅつする	とうちゃくする
基本形	注文する	挑戦する	貯金する	提出する	到着する
ます形	注文します	挑戦します	貯金します	提出します	到着します
て形	注文して	挑戦して	貯金して	提出して	到着して
ない形	注文しない	挑戦しない	貯金しない	提出しない	到着しない
た形	注文した	挑戦した	貯金した	提出した	到着した
可能形	注文できる	挑戦できる	貯金できる	提出できる	到着できる
意志形	注文しよう	挑戦しよう	貯金しよう	提出しよう	到着しよう
命令形	注文しろ	挑戦しろ	貯金しろ	提出しろ	到着しろ
ば形	注文すれば	挑戦すれば	貯金すれば	提出すれば	到着すれば
被动	注文される	挑戦される	貯金される	提出される	到着される
使役	注文させる	挑戦させる	貯金させる	提出させる	到着させる
使役被动	注文させられる	挑戦させられる	貯金させられる	提出させられる	到着させられる
词性	动III	动III	动III	动III	动III
册	2	2	2	1	2

发音	とうろくする	ドキドキする	どりょくする	にゅういんする	ねあがりする
基本形	登録する	ドキドキする	努力する	入院する	値上がりする
ます形	登録します	ドキドキします	努力します	入院します	値上がりします
て形	登録して	ドキドキして	努力して	入院して	値上がりして
ない形	登録しない	ドキドキしない	努力しない	入院しない	値上がりしない
た形	登録した	ドキドキした	努力した	入院した	値上がりした
可能形	登録できる	-	努力できる	入院できる	-
意志形	登録しよう	-	努力しよう	入院しよう	-
命令形	登録しろ	-	努力しろ	入院しろ	値上がりしろ
ば形	登録すれば	ドキドキすれば	努力すれば	入院すれば	値上がりすれば
被动	登録される	ドキドキされる	努力される	入院される	-
使役	登録させる	ドキドキさせる	努力させる	入院させる	値上がりさせる
使役被动	登録させられる	ドキドキさせられる	努力させられる	入院させられる	-
词性	动III	动III	动III	动III	动III
册	2	1	2	2	2

发音	ねぼうする	のんびりする	はいけんする	はいたつする	はっけんする
基本形	寝坊する	のんびりする	拝見する	配達する	発見する
ます形	寝坊します	のんびりします	拝見します	配達します	発見します
て形	寝坊して	のんびりして	拝見して	配達して	発見して
ない形	寝坊しない	のんびりしない	拝見しない	配達しない	発見しない
た形	寝坊した	のんびりした	拝見した	配達した	発見した
可能形	寝坊できる	のんびりできる	拝見できる	配達できる	発見できる
意志形	寝坊しよう	のんびりしよう	拝見しよう	配達しよう	発見しよう
命令形	寝坊しろ	のんびりしろ	拝見しろ	配達しろ	発見しろ
ば形	寝坊すれば	のんびりすれば	拝見すれば	配達すれば	発見すれば
被动	寝坊される	のんびりされる	-	配達される	発見される
使役	寝坊させる	のんびりさせる	拝見させる	配達させる	発見させる
使役被动	寝坊させられる	のんびりさせられる	-	配達させられる	発見させられる
词性	动III	动III	动III	动III	动III
册	2	2	2	2	2

发音	はっこうする	はつばいする	はっぴょうする	はつめいする	はんたいする
基本形	発酵する	発売する	発表する	発明する	反対する
ます形	発酵します	発売します	発表します	発明します	反対します
て形	発酵して	発売して	発表して	発明して	反対して
ない形	発酵しない	発売しない	発表しない	発明しない	反対しない
た形	発酵した	発売した	発表した	発明した	反対した
可能形	-	発売できる	発表できる	発明できる	反対できる
意志形	-	発売しよう	発表しよう	発明しよう	反対しよう
命令形	-	発売しろ	発表しろ	発明しろ	反対しろ
ば形	発酵すれば	発売すれば	発表すれば	発明すれば	反対すれば
被动	-	発売される	発表される	発明される	反対される
使役	発酵させる	発売させる	発表させる	発明させる	反対させる
使役被动	-	発売させられる	発表させられる	発明させられる	反対させられる
词性	动III	动III	动III	动III	动III
册	2	2	2	2	2

発音	びっくりする	ひょうかする	ふくしゅうする	へいさする	べんきょうする
基本形	びっくりする	評価する	復習する	閉鎖する	勉強する
ます形	びっくりします	評価します	復習します	閉鎖します	勉強します
て形	びっくりして	評価して	復習して	閉鎖して	勉強して
ない形	びっくりしない	評価しない	復習しない	閉鎖しない	勉強しない
た形	びっくりした	評価した	復習した	閉鎖した	勉強した
可能形	-	評価できる	復習できる	閉鎖できる	勉強できる
意志形	-	評価しよう	復習しよう	閉鎖しよう	勉強しよう
命令形	-	評価しろ	復習しろ	閉鎖しろ	勉強しろ
ば形	びっくりすれば	評価すれば	復習すれば	閉鎖すれば	勉強すれば
被动	びっくりされる	評価される	復習される	閉鎖される	勉強される
使役	びっくりさせる	評価させる	復習させる	閉鎖させる	勉強させる
使役被动	びっくりさせられる	評価させられる	復習させられる	閉鎖させられる	勉強させられる
词性	动III	动III	动III	动III	动III
册	2	2	1	2	1

发音	ほうそうする	ほうもんする	ほごする	ゆうしょうする	ゆしゅつする
基本形	放送する	訪問する	保護する	優勝する	輸出する
ます形	放送します	訪問します	保護します	優勝します	輸出します
て形	放送して	訪問して	保護して	優勝して	輸出して
ない形	放送しない	訪問しない	保護しない	優勝しない	輸出しない
た形	放送した	訪問した	保護した	優勝した	輸出した
可能形	放送できる	訪問できる	保護できる	優勝できる	輸出できる
意志形	放送しよう	訪問しよう	保護しよう	優勝しよう	輸出しよう
命令形	放送しろ	訪問しろ	保護しろ	優勝しろ	輸出しろ
ば形	放送すれば	訪問すれば	保護すれば	優勝すれば	輸出すれば
被动	放送される	訪問される	保護される	優勝される	輸出される
使役	放送させる	訪問させる	保護させる	優勝させる	輸出させる
使役被动	放送させられる	訪問させられる	保護させられる	優勝させられる	輸出させられる
词性	动III	动III	动III	动III	动III
册	2	2	2	1	2

发音	ゆっくりする	ゆにゅうする	よういする	よふかしする	よやくする
基本形	ゆっくりする	輸入する	用意する	夜更かしする	予約する
ます形	ゆっくりします	輸入します	用意します	夜更かしします	予約します
て形	ゆっくりして	輸入して	用意して	夜更かしして	予約して
ない形	ゆっくりしない	輸入しない	用意しない	夜更かししない	予約しない
た形	ゆっくりした	輸入した	用意した	夜更かしした	予約した
可能形	ゆっくりできる	輸入できる	用意できる	夜更かしできる	予約できる
意志形	ゆっくりしよう	輸入しよう	用意しよう	夜更かししよう	予約しよう
命令形	ゆっくりしろ	輸入しろ	用意しろ	夜更かししろ	予約しろ
ば形	ゆっくりすれば	輸入すれば	用意すれば	夜更かしすれば	予約すれば
被动	ゆっくりされる	輸入される	用意される	夜更かしされる	予約される
使役	ゆっくりさせる	輸入させる	用意させる	夜更かしさせる	予約させる
使役被动	ゆっくりさせられる	輸入させられる	用意させられる	夜更かしさせられる	予約させられる
词性	动III	动III	动III	动III	动III
册	2	2	2	2	1

发音	りかいする	りこんする	りゅうがくする	りようする	りょこうする
基本形	理解する	離婚する	留学する	利用する	旅行する
ます形	理解します	離婚します	留学します	利用します	旅行します
て形	理解して	離婚して	留学して	利用して	旅行して
ない形	理解しない	離婚しない	留学しない	利用しない	旅行しない
た形	理解した	離婚した	留学した	利用した	旅行した
可能形	理解できる	離婚できる	留学できる	利用できる	旅行できる
意志形	理解しよう	離婚しよう	留学しよう	利用しよう	旅行しよう
命令形	理解しろ	離婚しろ	留学しろ	利用しろ	旅行しろ
ば形	理解すれば	離婚すれば	留学すれば	利用すれば	旅行すれば
被动	理解される	離婚される	留学される	利用される	旅行される
使役	理解させる	離婚させる	留学させる	利用させる	旅行させる
使役被动	理解させられる	離婚させられる	留学させられる	利用させられる	旅行させられる
词性	**动Ⅲ**	**动Ⅲ**	**动Ⅲ**	**动Ⅲ**	**动Ⅲ**
册	2	2	1	2	1

发音	れんらくする
基本形	連絡する
ます形	連絡します
て形	連絡して
ない形	連絡しない
た形	連絡した
可能形	連絡できる
意志形	連絡しよう
命令形	連絡しろ
ば形	連絡すれば
被动	連絡される
使役	連絡させる
使役被动	連絡させられる
词性	动III
册	1

学ぼう！にほんご　単語帳
日语完全教程
单词手册　第二册

主编：疏蒲剑
编委：杨玲、松尾庸司、阮泠熠
排版：顾佳丽
封面设计：陈佳音、沙懿陶